노동학
선언

노사현장에서 만나는
노동법 이야기

노동학
선언

이동만 지음

노동학 선언 Laborology declaration

일을 하다 다쳐 치료를 받았으나 장애가 남았다. 불편했으나 기가 꺾이지는 않았다. 그래도 버거운 점은 하나둘이 아니었다. 그렇게 수십 년 세월이 흘러 지난 2020년 7월, 전신마취 상태에서 8시간에 걸친 대수술을 받았다.

혹여 수술이 잘못 될까 심려가 컸지만 다행히 잘 끝났다. 1인실로 옮겨져 절대요양을 해야 했던 72시간은 진통제로도 줄일 수 없는 통증과의 싸움이었으며, 체중이 10킬로그램이나 줄었고, 백발이 되었다.

내가 받은 수술은 유사 성형수술이라는 설명을 들었다. 병원비는 전액 자비고, 산재도 되지 않는다. 이해하기 어려웠지만 오래전 사고로 다쳤던 내게는 그다지 중요하지 않다.

보름을 병실에서 면벽정진을 하는 선승처럼 묵언정진, 거경궁리 했다. 제2의 인생! 병원에서 나가면 무엇을 할까? 부쩍 줄어든 인생 시간! 그만큼 아까운 시간이다.

10년을 미루어 왔던 일을 해야겠다고 다짐했다. 병원을 나서면서 걸음이 휘청거렸으나 곧 정신을 가다듬고 하늘을 보며 눈시울이 붉어졌다.

노동학을 선언한다.

누구나 노동법의 법원法源을 노동관계 법령(법률/시행령/시행규칙), 근로계약, 취업규칙, 단체협약이라고는 하지만 노동법 서적에는 법령에 관한 책이 있을 뿐이며, 노동법 현장에서는 근로자의 노동법과 사용자의 노동법이 따로 있다. 근로자의 상식 정의와 사용자의 상식 정의가 제각기 다르다.

노동 법령은 사용자 규제-근로자 보호이고, 인사 노무관리는 단일대오를 형성한 근로자와 맞서는 인사 노무의 잣대로 인간관(미국 경영학으로 보이는 가설들 : 매슬로 욕구단계 가설, 맥그리거 XY 가설, 허츠버그 2요인설 등)으로부터 시작해서 권위, 리더십, 발전론, 체제 이론 등을 펼친다.

그래서 양자는 노동법의 무대에서 만나지 않는다. 그럼 어디에서 만나야 할까? 바로 노동학 플랫폼이다.

노동의 공공성이 크게 확대되었다. 종속성의 근거를 조직 직급에서 찾아야 하는 영역이 엄청나게 늘었다. 밀접하게 연결되었으나 흩어진 노동 분야를 융합하고, 노동법 제도 곳곳에 축적되어 있는 자연과학 지식을 융합해서 노동학을 정립해야 한다. 노동이 공공의 이익을 증진하는 길을 노동학이 제시해야 한다. 제로섬이 아니라 공정한 사회를 이루어 나아가는 보편적인 노동 기준과 노동권을 보장하고 인력 양성, 인사평가론과 함께하는 노동학이다. 공정한 평가체계 마련과 보편적인 복지를 통한 사회안전망 구축, 좋은 일자리 창출, 직업능력 개발 시스템 구축이 그 내용에 포함된다. 이를 위해 국제 기준에 맞는 노동제도, 초^超기업 교섭 체계 정착, 노사정체제 강화가 필요하다.

서점 노동법 코너를 둘러본다. 그리고 다시 확인하게 되는 것은 노동법이 우리가 살아가는 일상과 가장 밀접하게 연결되어 있음에도 불구하고 사람들에게는 여전히 난해하고 딱딱한 분야로 인식되고 있다는 점이다. 아쉬움이 크다. 왜 그렇게 인식되고 있는가? 노동학이 아닌 노동법이라서 그럴까? 해묵은 궁금증은 점점 깊어가기만 한다.

20년 넘게 노동단체 상근 간부로 일하면서 노동 법률에 대한 상담을 해왔고, 노동법 교육을 담당하였고, 집단적 노사관계법에 기초해서 합법적인 노동조합 활동을 지원하고 지도하였다. 내 삶 자체에 노동법이 녹아들어 일상이 된 20년 넘는 세월 동안 적지 않은 경험을 하였고, 그때그때 메모를 하며 그냥 세월의 무덤에 파묻혀 잊어버리지 않고자 경계하였다.

노동법이 일반 사람에게 어렵고 딱딱하게 비쳐지는 현실을 어쩔 수 없는 문제로 치부해 포기해 버릴 일은 아니라고 생각한다. 무언가 내가 해야 할 일이 있을 것이라는 강박감까지 가지게 되었다. 대화의 주제로서도 충분히 흥미롭고, 우리 삶 자체라고도 할 수 있는 노동학의 분야를 사람들에게 널리 알려야 한다는 조바심이 들었다. 학교에서 반드시 가르쳐야 할 학업으로 노동법과 민법을 드는 학자들도 있다. 그것은 대부분 근로자로 살아가는 보통 사람들에게 매우 현실적이고 핵심적인 학문 영역이기에 그렇다. 그럼에도 사람들에게 어떻게 흥미를 유발하고 지적 지평을 열어 줄 수 있을지에 대해서는 여전히 고민스럽다.

노동법을 만나고, 친해지고, 하나가 되는 단계에 이르기까지 외면할 수 없는 주제가 있다. 근로자-사용자의 구분부터 근로계약, 임금-근로시간-휴식, 산업안전-산업재해-고용보험, 노사협의회, 단체교섭-단체협약이다. 사실 이것이 전부다.

이렇게 보면 어려울 것이 하나도 없다. 공인노무사 시험을 준비하다 보면 알게 된다. 어느 정도의 수준에 도달하면 한 단계 도약이 필요한 부분이 보이게 되고, 그 문턱을 넘어서야 한다는 것을 깨닫게 된다. 그러면서 뛰어넘는 사람이 있고, 그냥 문앞에서 머뭇거리기만 하는 이들도 있다.

여전히 주변을 헤매며 머뭇거리고 있는 이들이 우연히라도 한 번 보게 되면 이해하고 깨치게 되는 책을 쓰고 싶었다. 노동법의 조문을 해석하는 노동 법률 해설집이 아니라 노동법의 핵심을 관통하고 주변부를 아우를 수 있는, 그래서 거기에 깊이를 더하면 어느덧 복잡하고 난해한 노동법의 체계에 대해 잘 이해할 수 있게 되는 책을 쓸 수도 있겠다는 야심이 생겼다. 그림을 그리는 것처럼 말이다.

안다는 것을 일컬어 도道라고 하는데, 어느 순간 '그 도는 길 도道가 아니라 그림 도圖'가 아닐까 하는 생각이 들었다. 성학십도聖學十圖를 보라! 성리학을 열 개의 그림으로 그려 설명한 퇴계 이황의 혜안에 탄복한다. 문득 소설 『금시조金翅鳥』에서 고죽과 석담의 대화 중 일부도 생각난다.

"기예技藝를 닦으면서 도道가 아우르기를 기다리는 것이다. 평생 기예技藝에 머물러 있으면 예능藝能이 되고, 도道로 한 발짝 나가게 되면 예술藝術이 되고, 혼연히 합일되면 예도禮道가 된다."

여기에서 말하는 '도' 또한 그림 '도圖'일지 모르겠다는 생각이 든다. 눈을 감고도 훤히 보인다고 할 때 비로소 안다고 하지 않는가.

경험은 그 어떤 스승에 비할 바 아니다. 그 경험을 바탕으로 그림을 그리듯 쓰고 싶었다. 그래서 여기에 예시로 든 모든 부분은 실제 있었던 사례를 근거로 하고 있다. 논픽션Non-Fiction이다. 지금 현실 속 주변 곳곳에서 살아 꿈틀대는 것들이다. 많은 이들의 관심을 끌었고 사회 쟁점이 되었던 주제들이다.

노동학은 노동역사론, 노동정치경제론, 산업구조론, 임금론, 노동시간-휴식론, 노동안전론, 노동보건론, 인사평가론, 조직론, 노사관계론, 조사방법론, 사회보험론, 노동교육상담론 등으로 구성된다. 또한 역사학, 철학, 정치학, 경제학, 법학, 의학, 공학, 경영학, 행정학, 통계학, 사회학, 복지학 등 다양한 시각으로 이해하고자 할 때 노동학의 실체가 비로소 분명하게 떠오르게 된다. 인문학 그리고 자연과학과 매우 긴밀하게 연결되어 있다.

첫 번째는 노동법 수학數學, 수학修學 노동법이다. 노동법이 수리학의 지혜를 사용하고 있다는 것은 즐거운 일이다.

두 번째는 법률 자체다. 노동법은 정체성이 없어 보이지만 분명한 정체성을 가지고 있다. 노동법을 뒷전으로 하고 노동학을 논할 수는 없다.

세 번째는 의학醫學과 공학工學이다. 의학, 공학의 도움이 없이 노동법은 존재할 수 없다. 임금론賃金論, 노동시간-휴식론, 노동안전론, 노동보건론, 노사관계론, 사회보험론에서 분명하게 노동법으로 나타난다.

이 책에서는 노동학의 첫마당으로 수학修學으로서의 노동법과 수학數學으로서의 노동법을 이야기하면서 노동법이 자연과학과 결합해서 깊이를 더하는 장면을 소개한다. 노동학이 종합학문으로서 학제(inter-disciplinary)를 통해 노동학의 진면목을 제대로 확인하는 조그마한 계기가 되었으면 좋겠다는 생각도 한다.

두 번째 장에서는 노동법을 관통하는 주제들을 선택하였다. 이 주제들은 노동법의 줄기이며, 더 나아가 노동학의 줄기이다. 이 줄기는 다시 두 개의 큰 가지로 나뉘어 그에 따른 각각의 가지들을 이룰 것이다. 즉 통상임금을 깊이 파고 들어가면 근로시간, 임금을 알게 되고, 포괄임금제 임금을 분해하면 임금의 구조를 알게 되고, 교대수당 논의로 휴게시간의 본질을 알게 되고, 최저임금이 주휴폐지 논란으로 이어지는 과정을 통해 상여금, 복리후생비의 산입 범위에 대해 알게 된다. 근로자-사용자의 구별 경계도 섭렵한다.

다른 가지로는 합의근로시간수, 호봉제-성과연봉제 비교 논의가 평가 논의로 이어지고, 1년 근속 후 퇴사자의 연차일수 26일 논란을 통해 연차휴가제도의 흐름이 읽히고, 노동력 상실 정도를 규정한 산재보상법의 문구를 살펴보면서 언어의 본질적인 한계를 확인하고, 타임 오프Time-Off를 통해 집단적 노동관계법의 이면을 둘러본다.

복잡하게 느껴질 수도 있지만 한 꼭지 한 꼭지 읽어가다 보면 노동법의 전반적인 그림을 그릴 수 있다. 물론 이 정도로 노동법에 대한 모든 이슈들에 대해 섭렵하였다고는 할 수 없다. 그러함에도 농도가 짙은 부분과 곁가지가 나누어지고, 윤곽을 잡아 흐름을 부여잡는 데는 일정 부분 성공할 수 있으리라 생각한다.

첫번째 장에서는 이런 고민과 함께 역사적 관점에서 노동법의 변천과 지방정부의 노동법 참여에 대해 기술하였으며, 만 22년 동안 노사관계 현장에서 기록한 메모를 토대로 두번째 장에서는 이슈를 나열하였는데 기초단계와 심화단계로 구분지을 수 있다. 즉 기초단계에서는 임금론, 근로시간-휴식론을 중심으로 6개 사례를 소개하고, 심화단계에서는 합의근로시간수, 1년 근속자 연차수당, 수리^{數理} 노동법의 난해함을 산재보상 노동상실률을 사례로 들어 접근해 보았다. 과로의 기준, 타임 오프 제도 2,000시간, 평가제도의 설계, 통계 수치의 의미, 5인 미만 사업장과 노동법 적용을 소개한다.

세 번째 장에서는 공정사회로 나아가는 노동법의 역할을 기술하였다. 그리고 뒤이어 분단시대 노동학을 얘기한다. 알게 모르게 여기에는 나의 노동학에 대한 고뇌가 녹아 있을 것이며, 이를 통해 이 책을 읽는 독자들이 자신의 노동법에 대한 철학과 사고를 정리할 수 있는 계기를 주고 싶었다.

노동법 수^數학, 수^修학 노동법

노동 관련 법령에는 유난히 숫자가 많다.

숫자에는 그 숫자를 결정하고 선택한 사람들의 마음이 담겨 있고, 논리와 주장, 고뇌 그리고 과학이 담겨 있다. 예를 들어 7일은 근로기준법에서 1주일을 의미하고, 노동조합 및 노동관계조정법에서 회의공고기간이며, 30일은 계속해서 근로한 1년에 대한 퇴직금 지급의 수준을 뜻하며, 근로자 참여 및 협력 증진에 관한 법률에서 노사협의회 설치가 의무인 사업(또는 사업장) 상시근로자 수를 의미하며, 노사 간 단체협약 해석 요청에 대한 노동위원회의 의견 제시 법정기한이다.

3개월은 사용자로부터 해고 등의 처분을 받은 근로자가 해고 등의 구제를 신청할 수 있는 제척기간除斥期間이며, 휴업급여·퇴직금 계산을 위한 평균임금 산정기간을 말한다. 3년은 기존의 2년에서 최근 개정된 단체협약 유효기간 상한기간이며, 노동조합 임원 임기의 상한이며, 단기소멸시효를 적용받는 임금채권의 소멸시효이며, 인사 노무자료 보존기간이다. 고용보험법상 구직급여를 받을 수 있으려면 이직일 이전 18개월간 임금 지급의 기초가 된 기간이 180일 이상이어야 한다. 임금채권 지연이자遲延利子는 연리 20%이다.

60세는 법적 정년停年, 척추 및 관절의 평균 운동가능 영역은 산업재해보상보험법 시행규칙 별표4에 숫자로 아주 자세하게 규정하고 있고, 산업재해보상보험법은 30% 초과를 단기간 과로의 기준으로 보고 있다. 특근 가산임금 할증률은 50%로 하고 있고, 천인율은 근로자 1,000명당 발생하는 재해자 수의 비율이고, 만인율은 근로자 10,000명당 비율이다.

숫자 5는 근로기준법 적용의 마지노선으로, 5인 미만 사업장에는 근로기준법의 핵심 조항(해고, 노동시간, 연차, 휴직, 가산임금, 직장 내 괴롭힘), 중대재해기업처벌법, 대체휴일제도가 적용되지 아니 한다. 월할 상여금과 월할 후생복리비의 최저임금 산입 범위는 백분율로 각각 25-20-15-10-5-0%. 7-5-3-2-1-0%이며 2019년부터 2024년까지 6년에 걸쳐 점차 비율을 낮춰가면서, 최저임금 월할액 대비 이 비율을 초과해서 지급되는 경우, 그 초과분을 산입하는 비율이다. 1일 8시간, 1주 40시간제에서의 통상시급 산출을 위한 법정근로시간은 209시간(정확하게는 208.66)이다.

산업안전보건법 제38조(안전조치) 1항부터 3항까지 또는 제39조(보건 조치) 제1항을 위반하여 근로자를 사망하게 한 자에 대해 7년 이하의 징역 또는 1억 원 이하의 벌금을 부과하며, 방위사업법에 지정된 주요 방위산업체에 종사하는 근로자 중 전력, 용수 및 주로 방산 물자를 생산하는 업무에 종사하는 자의 쟁의행위금지 위반은 5년 이하의 징역 또는 5천만 원 이하의 벌금에 처한다. 근로자에 대한 강제 근로強制 勤勞의 금지, 폭행暴行의 금지, 중간 착취中間 搾取의 금지, 산재요양기간과 그 후 30일, 산전 후 휴업기간과 그 후 30일간의 해고 금지를 위반한 사용자에게는 5년 이하의 징역 또는 5천만 원 이하의 벌금형을, 직장 내 괴롭힘 발생 사실을 신고한 근로자 및 피해를 받은 근로자 등에게 해고나 그 밖의 불리한 처우 금지를 위반한 사용자는 3년 이하의 징역 또는 3천만 원 이하의 벌금형에 처하도록 정하고 있다.

위와 같은 행정 형벌行政 刑罰과 달리 행정질서行政秩序 벌인 과태료 부과의 경우도 다양한 영역에서 다양한 수준의 숫자로 표시한 금액으로 규정하고 있다.

누구에게나 하루는 24시간, 1년은 365일(정확하게는 365.25일이다)이다. 심장박동수는 1분에 60~100회이고, 혈압은 연령과 성별로 다르지만 80mmHg 이상 120mmHg 미만을 정상 기준으로 한다. 사람의 뼈(관절) 숫자는 유아기에는 350개였다가 성인기에는 206개가 된다. 아침 8시, 9시부터 저녁 5시, 6시까지 직장에서 근무하고, 교대자는 교대 시각표(4조 3교대제의 경우 통상 07시, 15시, 23시)에 따라 출퇴근을 반복한다. 8시간 노동 시 근로시간 도중에 1시간 이상, 4시간(5시간, 6시간, 7시간에도 동일) 노동 시 근로시간 도중에 30분 이상의 휴게시간을 부여해야 한다.

현금 봉투로 받던 월급(반드시 1개월에 1회 이상 사용자가 지급)이 언제부터인가 계좌에 숫자로만 찍히는 급여(건설 현장에서는 15일 단위 급여)는 각각 숫자로 표시되는 기본급, 수당, 상여금, 휴가비, 성과급, 연차수당 등의 항목이 포함되어 숫자로 나타난 것이고, 세율, 보험료율에 따라 공제 과정을 거쳐서 실수령 액수로 나타난다.

이렇듯 노동법 곳곳에서는 수학의 깊이를 느낄 수 있다. 수리학이다. 수학의 도움이 없이 노동법은 존재할 수 없다.

또한 법령에는 숫자의 분명한 표현에서 벗어나 추상적이고 불명확하고 상징적인 용어 또한 참으로 많이 등장한다.

예를 들면 '완전한' '정당한' '원활한' '적당한' '합리적인' '균형 있는' '신속하게' '적절하게' '공정하게' '지체 없이' '필요한' '건전한' '쾌적한' '안전한' '위험한' '부정한' '더 많은' '명백히' '심해진' '꾀하고' '체계적인' 등이 그것이다.

또한 수량화 되지 않은 명사도 다수 등장한다.

'이바지' '기여' '정의' '차별' '협력' '개선' '발전' '향상' '남용' '대량' '중대' '개발' '형평' '효율' '조화' '증진' '지속가능' '촉진' '자질' '품위' '사명감' '정신자세' '예의' '품행' '성실성' '상시' '해결' '해석' '협의' '합의' 등이 그 예이다.

노동법에 명시된 이와 같은 형용사 용어들이 정서적인 공감을 이끌어 내는 것은 분명하지만 막상 현실 사례와 맞닿는 부분에서는 추가적인 해석이 불가피해진다. 명사의 경우는 그러한 과정이 상대적으로 줄어들고 좀 더 직접적으로 다가오지만 여기서 한 걸음 더 나아가 노동법 곳곳에 명시된 수량적 표현은 해석의 여지가 없이 분명하다. 명확하다. 그러니 모든 법령 문구가 수치로 규정된다면 얼마나 좋을까.

적어도 숫자로 명시한 그 지점은 현실 사회에서 이해관계자들 사이에 충돌이 컸다는 걸 의미한다. 수치로 분명하게 규정하지 않으면 논란에서 벗어날 수 없는 영역이라는 뜻으로도 해석할 수 있다. 절차 규정이 특히, 그렇다.

숫자는 자연과학이 노동법을 세련되게 만든 흔적이다.

숫자는 법제도로 시대정신을 반영한다. 현실에 적합해야 하고

정의로워야 한다.

숫자는 과학이다.

노동법과 함께 한 22년의 꿈

운명처럼 22년을 노동법과 함께 부대끼며 보낸 나는 늘 법률에 등장하는 숫자를 붙들고 살았다고 해도 과언이 아니다. 고용임금 통계를 들고 고민했고, 최저임금에 촉각을 세웠고, 통상임금 소송에도 관여했다. 그리고 공정한 평가를 위한 기준의 수량화에 욕심을 부렸다.

그러면서 노동법은 일상이며 삶이며 인생이라는 생각이 들었다.

개인적인 상식이 사회 상식으로 자리를 잡게 되는 보람도 있었다. 노동법이 말하는 그 숫자의 의미를 들여다 보기만 해도 노동법은 결코 어려운 이론 영역이 아니며, 상식 영역이 될 수 있다고 생각했다. 내세울 정도로 긴 시간이 있다고 할 수는 없어도 짧지도 않은 22년이라는 시간 속에는 대한민국 노동법 역사의 흐름을 간파해 낼 수 있었던 상징적인 분수령이 있었고, 적어도 중심부 언저리에 있으면서 고민하고 지새웠던 밤도 적지 않았다. 노사관계가 출생하고 변화하는 현장에서 어떻게든 해법을 찾기 위해 몸부림쳤던 시간들이었다.

그렇게 만 22년에 걸친 시간을 보내는 동안 얼기설기 메모하면서 언젠가 책이라도 쓸까 염두念頭에는 두었으나 막상 엄두가 나지 않았다. 하여 노사 현장 속에서 부딪치고 겪었던 그런 시간 속에 잠긴 기억들을 홀로 끌어안은 채 가만히 묻어두고자 했었다. 그러다가 문득 미리 춤추리고 앉아 책무를 방기하는 것은 아닌가 하는 생각이 들었다. 그래서 용기를 냈다. 이 글을 쓰게 된 이유다.

하지만 살얼음판을 걷듯 조마조마하다. 내가 쓰는 이 글이 누군가의 마음을 불편하게 하고 언짢게 하지는 않을까 우려하는 마음이 커서 한 글자, 한 문장, 한 페이지를 신중하게 숙고하고 또 숙고하였다.

그런 한편으로 진심으로 기대한다. 쉽게 읽힐 수 있기를 간절하게 기대한다. 이를 통해 노동의 미래에 바늘구멍만큼의 빛줄기일지라도 보탤 수 있었으면 하는 마음이다.

노동법은 노동법학이다. 의당 노동법에는 법학 지식이 주를 이루고 있다. 적어도 문구는 그렇다. 하지만 단언할 수는 없다. 산업재해보상보건규정에는 의학 지식이, 산업안전규정에는 건설공학 지식이 그리고 경영학, 행정학의 인사노무, 인사행정이 오롯이 들어 있다. 이렇게 보면 노동법마저도 법학의 전유물만은 아니다. 법학의 영역에 머물러 있는 노동법에서는 진정한 노동법의 맛을 느낄 수 없다.

이 책이 노동학 대서사시 중 노동법학 마당에서, 근로계약 노사협의, 교섭 등 노사관계의 현장에 계시는 노사 관계자, 노동단체·사용자 단체 관계자, 국회·지방의회 노동법 관계 의원들, 노동법을 강의하는 중·고교·대학교 선생님, 노동 행정에 몸을 담고 계시는 분, 노동법을 선택과목(전공)으로 수학修學하는 학생, 공인노무사, 변호사, 공채 시험을 준비하는 수험생, 청년 아르바이트생, 조합원 근로자, 계약직, 임시직, 파견직, 감시단속직, 소상공인, 청년 창업생, 특수고용 형태 종사자, 근로자로 인정을 받는 데에서 실정법과 제도의 한계에 봉착하고 있는 프리랜서, 개인사업자 등 많은 사람들에게 편안하게 다가갈 수 있었으면 좋겠다.

이 글을 쓰면서 떠오르는 분들이 많다. 이렇게 보면 이 책은 다양한 분야에서 '일을 하는' 많은 사람들이 읽으면 좋겠다고 생각된다. 사무실 소파에 기대 앉아 혹은 카페에서 커피 한잔을 마시며 읽을 수 있는 책, 그저 쉽게 다가갈 수 있기를 기대한다. 그리고 지식이 되고 나아가 갈등과 고민을 해소할 지혜가 되어 이해가 충돌하는 갈등 국면이 진정되고 해소하는 데 기여했으면 싶다. 그렇게 더 많은 사람에게 평화平和를 선물하고 싶다. 간절한 꿈이다.

노동법률 상담, 노동교육, 고충심리 상담, 노동실태 조사, 정책제안 활동을 하는 울산광역시 노동인권센터에는 수많은 시민들께서 쉴 새 없이 찾아오신다. 주로 취약계층 근로자들이다. 관심과 애정으로 찾아 주시는 그분들이 표현할 수 없을 만큼 감사하다.

그 어떤 순간에도 무재칠시無財七施[11]와 경敬과 성誠을 다하고자 한다. 누구를 꺾고 쓰러뜨려야 하는 것이 아니라 노사가 균형을 찾아가려는 애틋한 마음이 때로는 감동을 준다. 화이부동和而不同이다. 최대 다수의 최대 행복을 찾고자 하는 몸부림이고, 좋은 인연들이 계속되었으면 하는 간절한 바람을 가진다. 영원한 생명이 있다면 그것은 좋은 인연이 이어지는 것이 아닐까!

마지막으로 프롤로그의 긴 글을 마치면서, 오늘의 존재를 있게 해 주신 분께 감사드린다. 소중한 인연을 간직하면서 앞으로도 좋은 인연이 늘었으면 좋겠고, 2020년 11월 출범한 울산노동인권센터가 제대로 된 역할을 할 수 있기를 기원하면서, 노동학의 라운드 테이블에서 모두 만나 시대의 진실과 미래의 협동을 이야기할 수 있는 날이 하루 속히 오기를 기대한다.

2021년 9월, '이야기를 끓이는 주전자'에서

완당緩襠 이동만

---

1) 무재칠시
① 화안시和顔施 : 얼굴에 밝은 미소를 띠고 부드럽고 정다운 얼굴로 대하는 것
② 언사시言辭施 : 공손하고 아름다운 말로 대하는 것
③ 심시心施 : 마음의 문을 열고 착하고 어진 마음을 가지고 대하는 것
④ 안시眼施 : 호의를 담아 부드럽고 편안한 눈빛으로 대하는 것
⑤ 신시身施 : 예의바르고 친절하게 몸으로 베푸는 것
⑥ 상좌시床座施 : 때와 장소에 맞게 다른 사람에게 자리를 내주어 양보하는 것
⑦ 방사시房舍施 / 찰시察施 : 편안하게 쉴 수 있는 공간을 제공해주는 것 / 굳이 묻지 않고 상대의 속을 헤아려 알아서 도와주는 것

제2장 현장에서 기록한 노동학 이슈

제3장　미래로, 하나로: 진실 화해 협력

제1장

노동학 그리고
우연과 필연의 시간

불합격의 트라우마를 넘어

이름 석 자 중에서 성姓과 항렬行列 두 글자를 빼니 남는 것은 고작 한 글자, '만萬'자를 세상에 나온 선물로 부여받았다. 그런 내가 지금의 '늦을 만晩'자로 개명한 것은 국민학교(초등학교)에 입학하기 바로 전 해였다. 4남매, 아들 삼 형제 중 셋째인 나는 유난히도 병치레를 많이 했다고 하는데, 이런저런 방책을 써도 별무소용이어서 궁여지책으로 이름이라도 바꿔보자는 부친의 노력에 따른 것이었다. 부친의 마음이 내 이름자에 그대로 서려 있어 살아오는 동안 만났던 갖은 역경을 헤쳐 오는 힘이 되어 주었다.

마음을 다잡고 무엇인가 해보려고 나서는 일마다 번번이 태클이 걸렸었다. 모두가 나 때문이고 내 탓이었다. 초등학교 1학년 때 겪었던 시련, 중학교 3학년 당시 겪었던 두 번의 시련, 대학교 입학 당시 겪었던 갑작스런 시련, 세기말 10년에 걸쳐 이어진 방황은 지금도 무의식 언저리에 남아서 육신이 조금 약해지기라도 하면 짧은 악몽으로 나타나곤 한다.

신림9동(현재는 관악구 대학동)은 전국에서 수많은 고시생들이 모여드는 곳이다. 서울대학교 입구에서 왼쪽으로 1킬로미터 정도 아래 위치한 산골 마을에 고시촌이 생긴 것은 입법고시, 사법고시, 행정고시, 외무고시로 개천에서 용이 났다는 소식이 전해지고부터다. 합격생과 유명 강사들이 이 마을 고시학원에서 목소리를 높이고, 서점은 북새통을 이룬다. 가파른 오르막 산등성이까지 고시원, 하숙집이 즐비하다. 밤이면 불 밝은 창문들이 벌집처럼 계단으로 이어져 있고, 그 불빛 하나하나마다 야망을 불태우는 청춘들이 밤을 지새운다.

1990년 겨울, 나도 이 좁은 동네로 모여든 약 6만여 명 중 하나가 되었다. 합격생과 낙방생이 공존하는 마을, 거리에는 축하 술자리와 실의에 잠긴 절규가 뒤섞여 있다. 밤늦게까지 가게 앞에서 TV를 보거나 술을 마시거나 노래방을 출입하거나 아침저녁으로 뒷산을 올라 배드민턴을 치는 데 오히려 더 열중하는 이들도 있다.

간절함은 있었으나 합격할 수 있을지에 대해선 확신하지 못했다. 객관식 시험에는 자신감이 있었지만 필기시험인 2차 시험(논문시험)은 자신하지 못했다. 정해진 시간에 20페이지에 달하는 답안지를 직접 논문식으로 써서 채워야 하는 것이 우선 큰 부담이었다.

1차에 합격하면 해당년도 그리고 다음해에 곧바로 2차 시험을 치를 수 있는 자격이 부여된다. 1차에 2번 합격하였으니 4번의 2차 시험을 쳤다. 2차 시험은 힘에 부쳤다.

그렇게 20대 중후반을 보냈다. 허송세월은 아니었으나 몸도 마음도 허기가 졌다. 피폐해졌다. 결과에 대한 자신감은 진작 사라지고 없는데, 기대한 결과가 따라올 리가 없었다. 지리산, 오대산, 설악산을 올랐고, 전국 방방곡곡을 걸으며 방황했다.

그런 와중에 건설 일용근로자로 일을 시작했다. 고시원 인근 서울중앙기술학교(현 서울산업정보학교) 건축이 시작되었는데, 2차 시험을 치른 이후 허전한 마음에 뭐라도 해야겠다 싶어 건설현장 문을 두드렸던 것이다. 한여름 7월 말이었다.

벽돌조공은 그야말로 단순 노동이다. 나무로 만든 등짐지게 한 칸에 벽돌 3장을 가로 세로로 놓고 14단을 쌓아 짊어지고 계단을 올라 벽돌을 쌓는 건설기술자에게 날라다 주는 일이다. 대학교 기숙사 시절 여름방학 때 친구와 기숙사 앞 공사현장에서 잠시 그 일을 했던 적이 있었다. 15일치 일당을 목돈으로 받아 책방으로 달려가 전부 책을 샀던 기억이 있다. 스스로 대견스럽게 여겼던 기억을 더듬으면서 일을 했는데, 당시 벽돌조공 생활을 하다가 만났던 분 중에는 지금도 연락하고 지내며 호형호제하는 분도 있다. 내게는 그런 일이 적성에 맞는 것 같았다. 여러 지역에서 건설근로자 생활을 이어갔다. 석면보온재를 베개 삼아 낮잠을 달게 즐겼던 기억이 씁쓸하지만 생생하다. 공부를 하러 고시촌까지 와서 정작 공부는 열심히 하지 않고 공사 현장에서의 일은 참으로 열심히 했다. 합쳐서 만 3년에 걸친 건설 일용근로자 생활, 2차 시험은 더욱더 합격으로부터 멀어졌다. 땀 흘려 일하고 맥주 한 잔에 노래도 부르며 피곤함에 지쳐 잠드는 나날이 한 인간으로서 누리는 작은 행복이었다.

신림동을 잠시 떠나 우연히 인연이 닿아 독학사 담당 강사로 2년을 보냈다. 학사학위를 가지고 있지 않은 하급직 공무원들이 2년 과정으로 학사학위 과정을 이수해 취득하고, 행정대학원으로 입학하고자 하는 이들을 위한 강의였다. 친구와 둘이서 2년을 대학교 평생교육원 강의실을 확보해서 저녁 6시부터 8시까지 강의를 했는데, 지금은 기억을 떠올리는 것조차 힘들다. 하지만 어쩌랴. 강의 실력이 뛰어나지도 못했고 직업의식조차 없었지만 약속을 지켜야 한다는 생각으로 2년이라는 시간을 수행하듯 했다.

1995년 상인동 가스폭발사건(상인 사거리 지하철공사 현장에서 4월 28일 08시 50분 폭발사건이 일어나 중학교 저학년생低學年生들을 중심으로 101명이 사망한 사건. 나는 그 사거리에 있는 서일학원에서 영어를 가르쳤다.)의 충격이 채 가시기도 전이었던 1996년 10월 말, 2차 시험 불합격 통지를 받았다. '혹시나' 했는데, '역시나'였다. 그리고 1997년 초대

대구지하철공사 입사시험 면접에서도 탈락하면서 삶에 대한 희망과 의지를 잃어갔다. 게다가 나와 함께 동고동락하던 고교 동창생이 내가 불합격의 고배를 마신 뒤 자신의 가족이 있는 집으로 돌아가고 석 달 뒤 목숨을 끊는 충격적인 일이 일어나면서 나는 세상에 대한 미련을 지우고 있었다.

당시 친구들 사이에서는 내가 좀 이상하다는 소문이 돌았다고 했다. 애써 부정하지 않았다. 그럴 만도 했다. 하나둘씩 정리하는 시점이었고, 그 무언가가 다가오고 있었다. 마음은 이미 속세를 떠나 있었다.

그러던 어느 날, 친구가 자취방으로 찾아왔다. 친구들이 한푼 두푼 모으고, 연수원에 들어간 친구가 거액을 출연해 수백만 원을 내 통장에 입금했다며 일방적으로 통지를 했다. 직접 주면 받지 않을 것 같아 통장에 넣었다고 그 친구는 내게 말했다. 통장을 확인할 엄두가 나질 않았고 그럴 필요도 없었다. 다만 세상에 대한 미련이 아직 전부 지워진 것이 아니라는 걸 불현듯 깨달았다. 많은 인연들이 머릿속을 스쳐갔다. 그리고 마지막 도전을 결심하였다.

나는 봉천동으로 옮겨갔는데, 봉천동 서울법학원은 전문자격증 시험을 준비하는 학원이다. 전국 최고의 학원이라는 건 너도 나도 다 알았다. 회계사, 변리사, 노무사, 감정평가사, 세무사 등

전문자격증을 준비하는 수험생이 출입하는 곳으로 서울대학교 입구에서 오른쪽으로 1킬로미터 언덕 위 왼편에 자리한다.

1년간 최선을 다했다. 친구들을 생각하면 다른 생각을 할 수 없었다. 자식된 도리 이전에 염치없는 인간으로 한순간도 존재하기 싫었다. 배수진背水陣! 죽기 아니면 살기, 둘 중 하나! 앞뒤 가릴 여유가 없었다. 영어 과목이 포함된 1차 시험은 지금까지 그랬던 것처럼 무난히 통과했다. 그해 2차 시험 합격까지 기대했지만 필기 연습시간 부족으로 다시 낙방했다. 이제 마지막 한 번의 기회만 남았다.

고삐를 더 단단히 죄었다. 한 달에 만 원의 용돈도 필요 없는 생활, 대개 라면으로 끼니를 때우는 시간 외에는 공부에 매달렸다. 필기시험은 쓰는 연습이 충분치 않으면 자신감이 붙지 않는다. 실제 시험은 직접 자필로 쓰는 시험이므로 읽기나 말하기 연습은 의미가 없다. 오로지 쓰기 연습에 집중했다.

그리고 1999년 공인노무사 제8기 시험에 무난하게, 수석 근처에서 합격했다. 예상했던 문제(과목당 50점짜리 1문제와 25점짜리 2문제)가 출제되었고, 4과목을 완벽하게 마쳤다. 낙방이란 있을 수 없다는 확신이 시험장에서, 시험장에서 나올 때, 합격자 발표를 할 때까지도 들었다. 공개경쟁시험에서의 첫 번째 합격, 그 합격은 요행이 아니었다.

나는 지금 최선을 다하고 있는가? 그렇다면 무엇을 위해 최선을 다하고 있는가?

1999년 그때, 나는 최선을 다한다는 것이 무엇인지를 비로소 체험했고 그 바이러스를 온몸에 심었다. 확신이 들지 않는 일은 하지 않았고, 확신이 드는 일에는 주저함도 망설임도 없이 뛰어들었다. 그리고 그럴 때 예상했던 결과들이 현실로 돌아왔다. 최선을 다해 신념을 따라 전진했고 앞으로도 그렇게 할 것이다.

되돌아보면서 한 치의 부끄럼이 없다고 할 수만 있으면 얼마나 좋을까. 하지만 그렇지 않다. 채무가 적지 않다. 유년기 시절의 인연, 산골 중학교 시절에 얽힌 많은 인연들이 생각난다. 그리고 대도시 고등학교, 대학교 시절의 많은 인연들 또한 생각난다. 그리고 사회에서 맺어진 또 다른 인연들도 있다. 그러니 '나'라는 존재가 그저 지구에 존재하는 인간 숫자 중 하나로 그칠 수 없다는, 아니 그보다는 내가 가진 탐욕으로 인해 세상을 어지럽히는 존재가 되어서는 안 된다는 신념으로 자신을 채찍질하며 살아야 한다. 그러하기에 오늘 나는 무엇을 위해 최선을 다하고 있는가? 일신의 안녕을 위해 타인에게 위해를 가한 일은 없는지 반성한다.

논어에서는 말했다. 견리사의見利思義 견위치명見危致命! 이익이 보일 때면 옳은 일인지 먼저 생각하고, 나라가 위태로울 때는 목숨까지도 바친다고.

정의는 현실에서도 언제나 살아 숨 쉬고 있다고 믿는다. 어떤 상황에서도 정의는 있다. 최대 다수 이해관계자가 선호하고 요구하는 것이다. 집단지성集團知性과 군중심리群衆心理는 동전의 양면이다. 선험적 정의 관념으로만 정의를 말할 수는 없다. 현실은 보다 나은 선택을 위해 투쟁하고 있다. 정의롭지 않은 것에 분노하고 정의를 구현함에 희열을 느낀다. 민주주의가 다수의 정의를 찾아가는 과정이라면 그에 따른 인내 또한 요구한다.

자격을 취득한 후, 나는 현장에서 부당징계를 당한 근로자의 원직 복직을 위해 함께 노동위원회를 찾아가 부당한 행위를 확인해 복직을 받아냈고, 노동조합 설립, 조합 활동을 지원하고 지도했으며, 단위노조 조직 담당 부위원장 역할도 수행했다. 실업계 고등학교 3학년생을 대상으로 3년 간에 걸친 예비 직장인 노동법 교육 전문 강사로 활동하면서 상담책임자, 교육실장, 조직실장으로도 활동하기도 했다.

또한 지역 1호 마을학교를 설립해서 시장가치로 인정을 받지 못하는 주부의 가사 활동을 화폐 가치로 치환했는데, 이는 가사 노동에 대한 사회적 인식을 바꾸는 데 물꼬를 트는 일이었다. 한편으로는 대규모 공동주택 입주자 대표회의 대표(회장)로서 인근 재건축 아파트 신축공사 건설사와 13차례의 교섭과 합의 타결을 이루었고, 마을 공동체 소식지를 발간해서 지역시민의 소통강화에 애쓰기도 하였다.

널리, 열심히 하는 동시에 요약(요약은 자제自制의 뜻으로도 해석하고
자 한다)하는 일을 지극히 열심히 하라는 선현의 말씀을 마음에 새
기며 살고자 했다. 항일 민족시인 이육사(李陸史, 1904~1944)[2]의 혼
이 담긴 백학서원白鶴書院의 후신인 산동중학교에서 공부했다는
자긍심, 혈족 내력에 대한 자부심이 개인적 이기심에 휘둘리는
탈선을 막아 주었다.

공정과 상식이 중심 가치인 사회에서 특권, 반칙이 다수에게
득이 될 수는 없다. 정의가 아니다. 정의가 아닌 길로 갈 수는 없
다고 믿었다. 그리고 그렇게 행동했다.

---

2) 본명 이원록. 퇴계 이황의 14대손(15대손인 내게는 선대先代). 영천 백학서원에서 아이들을 가르치면서
인근 오동마을 안일향과 혼인해 이옥비 여사를 낳으셨다. 백학서원은 고향마을 대내실과 지척이다. 따님
이옥비 여사는 안동 도산면 원촌리 육사문학관장이다.

꾸준함이 영특함보다 낫다

"아침 7시에 기상해서 10분에 세수를 하고 40분까지 신문을 보고, TV를 보고, 9시에 집을 나서 A를 만나 B레스토랑에서 커피와 스무디를 마시고 먹으면서 담소를 나눴다. 그리고 강변을 산책하고 돌아와 청소와 설거지를 했고, 귀가한 아이와 C와 D로 간단하게 저녁식사를 하고, 드라마를 보다가 잠이 들었다."

이처럼 반복되는 일상을 매일매일 기록해 '나의 일상'이라는 제목의 책으로 출간하려고 한다면 어떻게 될까. 출판사에서 출간을 해 줄 리 없고, 설사 자비로 출판해 서점에 내놓는다고 해도 눈 밝은 독자들이 과연 사서 읽을까? 가까운 지인이라고 해도 기꺼이 읽지 않을 것이다.

뜻하는 바를 이루지 못하고 방황하던 내게 선배 한 분이 이런 말씀을 주셨다. "시간은 그저 흘러가는 것이 아니라 쌓이는 것"이라고. "일상의 가벼움조차 매일매일 쌓여서 한 개인의 역사가 되는 것"이라는 평범하지만 그저 흘려들을 수 없는 말씀이었다. 일상의 반복에 불과한 지극히 무료한 메모일지라도 쓰고 또 쓰다 보면 문리가 트이고, 점차 생각이 숙성되고, 깊어지고, 개인으로서의 역사가 되고, 의미 있는 인생으로 평가받을 근거가 된다는 말이었을까. 그렇다고 생각했다. 지푸라기라도 잡아야 할 것처럼 조급했던 청춘이 실패에 대한 두려움을 극복하고 성공에 대한 희망을 품기 위해서는 어떤 위로든 희망 쪼가리든 무엇이라도 붙들어야 했기에 나는 선배의 말에 철저하게 동의하였다. 그렇게 일회일기一會一機를 마음 한켠에 간직하였고, 언제고 일을 시작하게 되면 매일 매일을 기록으로 남기겠다고 결심했다.

1999년 세기말에 나는 공인노무사로서 일을 시작했다. 출세란 특정한 사람들에게만 해당하는 말이 아니다. 사회 구성원으로 참여해 일하는 것 자체가 출세다. 그렇지 아니한가! 우리 모두는 타인의 노동 덕분에 살아갈 수 있는 존재가 아니던가!

책상 위에 놓인 연필 한 자루를 무심하게 바라보다가 그 연필 한 자루에 담긴 사람들의 땀을 생각한다. 협동協同이다. 나는 그 대열에 합세해야 한다. 그것이 나의 도덕심이고, 정의감이다. 나 또한 하나의 개체로서 힘을 다하고, 그 일상을 메모하고, 남기고, 역사 발전에 기여해야 한다고 생각하였다. 쓸 일이 생긴 것이다. 일상이라고 할 만한 것이 드디어 생긴 것이다.

사회생활은 공인노무사 연수로 시작되었다. 집합학습 과정, 과

천 노동부 방문, 마포구 경총 방문, 민주노총 방문, 한국노총 방문 등 편안한 과정이 이어진다. 그 과정을 마치면 뿔뿔이 흩어져 현장 연수를 하는데, 그 이후로 지금까지 22년 동안 얼굴조차 한번 보지 못한 동기생이 90%가 넘는다. 어디에선가 의미 있는 일을 하고 있을 것이고 협동하고 있을 것이다.

현장연수를 울산에서 했다. 곧바로 메모를 시작하였다. 일주일 단위로 표를 만들고, 세로로 세 칸(날짜, 내용, 비고), 가로로 일곱 칸(월화수목금토일)을 만들었다. 아래에는 특이한 참조일정(노동 노사관계 관련 전국소식/지역소식/조직 일정)을 내용별로 한 줄씩 횡으로 메모했다. 1년은 52주이므로 1년은 52페이지가 된다. 메모한 것은 오로지 자신의 업무를 잊지 않기 위함이니 공개할 수는 없고, 그저 문서 비밀번호를 설정해 저장할 뿐이었다.

1년이 지나 다음해에 다시 메모를 시작할 때 전년도의 메모를 보면 매일의 일상처럼 연간 일정에도 일정한 패턴이 있고, 일정은 비슷한 시기에 이루어진다. 그런 일을 만 5년 동안 했고, 일요일 늦은 오후가 되면 한 페이지에 메모하는 일로 확대되었다. 30분 정도가 걸리는 일이다. 인터넷 홈페이지를 검색해보고 문자를 보내 확인도 하고 전화를 해서 물어도 본다.

주간 일정을 300페이지 정도 쌓았을 때이다. '이 일을 왜 하고 있는 거지?'라는 생각이 스쳤다. 마땅한 대답을 찾기가 힘들었다. 왜 할까. '굳이 물어야 할 일도 아닌데 묻는 것 자체가 무료하고, 지루하다. 그리고 무슨 의미가 있을까?'라는 부정적인 생각에 잠시 감염이 되어서였다.

그러나 곧 그래도 사람은 성실해야 한다는 가르침을 떠올리며 하던 일을 했다. 습관은 참으로 큰 힘을 발휘한다. 생각은 말과 행동을 만들고, 말과 행동은 습관을 만들고, 습관은 품격을 만들고, 품격은 운명을 만든다. 습관이 되는 단계부터 '그 사람은 어떻다.'라는 그림이 그려진다.

우둔하게도 꾸준하게 20년을 그렇게 해왔다. 매일 지구는 한 바퀴 자전한다. 그러면서 동시에 23.5% 기운 채 태양 둘레를 1년 동안 한 바퀴 공전한다. 이 많은 산과 들, 흙, 바다를 안은 채로. 그러면서 투덜대지 않는다. 지극 정성이다. 내가 존재하는 지구, 우주는 이렇게 정성을 다하고 있다. 그나마 이 정도의 습관은 그저 체면치레다. 한탄할 일도 없고 내세울 일도 아니건만 습관에 이끌려 그렇게 했다. 어느덧 1,000페이지가 쌓였다. 즐거움이 따라왔다. 해마다 메모의 방식과 언어 선택에서 개선되고 있음이 눈에 보인다. 그 즐거움을 배우고 때로 익히는 인생, 제1의 쾌락이라 하신 공자 선생의 말씀 대로다. '학이시습지學而時習之 불역열호不亦說乎, 배우고 때로 익히면 또한 즐겁지 아니한가!

아마도 누군가가 있어 "왜 그런 우둔한 일을 그리도 긴 시간 해왔느냐?" 묻는다면 이렇게 대답할 것이다.

"저의 기억력이 모자라서 그렇습니다. 메모라도 하지 않으면 잊어버릴 것 같아서요."

『중용中庸』22장에는 이런 말이 있다. 내가 붓펜으로 한 글자 한 글자 써 보곤 하는 글귀이다.

唯 天下至誠 유천하지성　　오직 천하의 지극한 성에 도달한 분만이

爲 能盡其性 위능진기성　　자신의 본성을 능히 다 할 수 있으며

能 盡其性 (능진기성)　　자신의 본성을 다 할 수 있으면

則 能盡人之性 즉능진인지성　　타인의 본성도 능히 다 할 수 있고

能 盡人之性 능진인지성　　타인의 본성을 능히 다 할 수 있으면

則 能盡物之性 즉능진물지성　　만물의 본성을 능히 다 할 수 있으며

能 盡物之性 능진물지성　　만물의 본성을 능히 다 할 수 있으면

則 可以贊 天地之化育 즉가이찬천지화육　　천지의 화육을 도울 수 있다.

可 以贊 天地之化育 가이찬천지지화육　　천지의 화육을 도울 수 있으면

則 可以與 天地參矣 즉가이여천지참　　천지와 함께 참여할 수 있게 된다.

숫자로 보여 주기 어려운 것들

나는 머뭇거리거나 뒤로 빼는 성격이 아니다. 소개팅을 해 주겠다고 하면 거절한 적이 없고, 길거리 헌팅(캠퍼스 고목나무 아래 벤치에 앉아서 지나가는 여학생에게 차라도 한잔하자고 작업을 거는 것. 주로 동석한 선배들의 짓궂은 장난으로 잘 만들어지곤 했다.)에서도 미적거리지 않았다. 그래서였을 것이다. 동기들 사이에 소문이 나서 리포터를 쓰기 위해 통계 자료를 만드는 설문조사에 많이 끌려들어가곤 하였던 것이다. 학생회에서 수행하는 설문조사도 있었고, 지도교수님으로부터 하달되는 설문조사에도 호출되었다. 대개 이런 부탁이었다.

"이번에 리포트를 제출해야 하는데 설문지를 배부하고 수거하는 일을 해야 해. 나는 낯을 심하게 가리고 선뜻 나서지 못하는 성격이라, 네가 좀 해 주면 안 되겠니?"

주저할 일도 아니었다. 내게는 그리 어려운 일이 아니었으니까. 교양 동棟에서는 수백 명이 한꺼번에 강의를 듣곤 하는데, 그 일정에 맞춰 찾아가기만 하면 되는 일이다. 그런 일정은 늘상 있는 일이어서 강의실로 들어가 복사한 설문지를 죽 배부하고 수거하면 된다.

먼저 수업이 시작되기 전에 교탁에 선다.

"뭐야, 교수님이 오셨어? 아닌데, 학생인데 무슨 할 말이 있나?"

중얼거리는 소리가 들린다.

"수업이 시작되기 전에 잠시 시간을 부탁드립니다. 5분이면 충분합니다. 리포터 제출을 위한 설문조사 중입니다."

그리고 배부를 한다. 5분 정도 후에 설문지를 수거한 다음 "학우 여러분 감사합니다."라고 인사한 뒤에 강의실을 나오면 되는 일이다. 간단하다. 왜 이런 일 정도를 어렵게 생각하는지 이해하기 어려웠다.

수거한 설문지를 분류해 통계를 내야 하는데, 설문지는 5개 중에 하나를 체크하는 형식이었다. 복지시설에 대한 학생 선호도 설문조사. 아주 좋다, 좋다, 보통이다, 나쁘다, 아주 나쁘다. 이런 5가지 항목 중에서 하나를 체크하는데, 이런 설문이 20개 정도가 된다. 그때는 무심결에 지나쳤는데, 설문조사를 부탁했던 친구가 나중에 내게 와서 담당 교수님께 꾸중을 들었다고 했다. 설문조사 항목 설계가 잘못되었다는 것이다. 즉 5개 항목으로 제시하면서 중간에 '보통이다.' 라는 항목이 들어가면 많은 대답이 '보통이다.' 라고 답을 하게 되고, 이렇게 되면 변별력이 떨어져 설문조사로서의 의미가 없다는 것이다. 선호도는 10개(1부터 10까지, 아니면 0부터 9까지))로 확대해야 통계치가 의미가 커진다고 한다.

계량화! 그렇다. 계량화 숫자는 그 자체로 의미를 가진다고 봐서는 안 된다. 치밀함이 있어야 한다. 실태조사를 하면서 이런 오류를 범하면 실태를 파악했다고 할 수 없다. 엉성하게 조사할 바에야 ○와 ×의 선택형이 낫다.

마음이 숫자로 표현될 수 있을까요?

1999년 세기말 가을, 공인노무사 6개월 현장연수를 위해 울산에 도착하였다. 처음에는 대선배가 계시는 창원으로 지정을 했다가 고향과 가까운 울산으로 변경했다.

울산은 근로자들이 밀집한 도시다. 노사 사이에 치열한 갈등과 합의가 이루어지는 현장으로 노무사로서 배울 것이 많은 곳이다.

지역의 4번째 공인노무사로서 전문가답게 처신을 해야 했다. 또다시 우연인지 노동단체에서 일을 시작했다. 운명은 진정으로 존재하는 것인가. 내 심장을 때렸고 힘겨운 날들이 많았지만 그 어떤 어려움도 열반에 이르는 유마힐(스스로 지은 별명)의 고행이라는 생각을 하면서 그 길을 걸었다.

노무법인에서 연수를 하면서 점차 흥미를 잃어가던 나는 노동계를 찾았다. 민주노총 울산본부를 방문했으나 자리가 없었다. 상공회의소와 노동부에서도 함께 일하자면서 기다려 달라고 했으나 나는 여유가 없었다. 기한 없는 약속은 의미 없는 말에 불과하다. 약속이라 할 수 없다.

한국노총 울산본부를 방문하였을 때, 대뜸 함께 일하자고 제의를 해왔다. 이제 갓 서른에 접어든 미혼이었던 터라 아무런 거리낌도 없었던 나는 그 제의를 받아들여 다음 날부터 일하기 시작했다. 대학교 시절 학생회 사무실에도 출입했고 건설현장 근로자로 뼈가 굵었던 나로서는 노동단체가 생소하지 않았다. 그래도 어디를 가든 인간관계는 새로 만들어야 하기에 쉽지 않았다. 그렇게 3개월 시간이 지나가고 연수도 끝나 잔류 여부를 결정해야 했다. 일단은 고집을 피워서 6개월 정도 더 머물기로 하였다.

그리고 얼마 후 이제는 가정을 꾸려야 하겠다는 생각이 들었다. 이렇게 시간을 보내며 살아갈 수만은 없다는 판단이 들어서였다. 그러면서 울산 지역 노동 지형도를 보았는데, 지금도 그렇지만 영남알프스에서 시작해서 동해로 흘러드는 멋들어진 태화강을 경계로 한쪽은 한국노총, 다른 한쪽은 민주노총으로 양분이 되어 있다. 알량한 명분상 이해가 되지 않은 부분이었고, 적어도 나는 그렇게 하고 싶지 않았다.

동쪽을 바라보았다. 대한민국 산업 수도, 울산의 3대 주력산업 중 자동차 조립 완성 사업장과 조선 사업장이 민주노총의 주력 조직이었다. 연대하고 함께 해야 마음이 편하겠다 싶었던 나는 현대자동차 울산공장이나 현대중공업 울산공장이나 미포조선 근무하는 노동형제 중에서 평생의 반려이자 동지로 만남을 시작하고 싶었다. 동쪽에 관심을 가진 이유는 거기에 있었다.

현대자동차 새마음회가 눈에 띄었다. 수소문을 해본 곳이다. 약 500명의 여성 조합원으로 구성된 단단한 조직으로 보였다. 본부 근처 병원에 산재로 입원 중인 조합 위원장이 있어서 자주 병문안을 갔었는데, 퇴근 후 병원에 들렀다가 우연히 맞선 주선이 들어왔다. 찾았던 분과 일치했다. 우연치곤 놀랄 일이었다. 초면인데 호감이 갔다. 가정을 꾸릴 생각을 하고 있었던 터여서 내 결심은 굳었지만 미적거리지 않는 내 성격에도 마음을 표현하는 건 쉽지 않았다. 하지만 내 속마음이 통하였던 것인지 다행히도 관계가 이어졌다. 거의 매일 퇴근하면 만나 울산 주변을 돌아다녔다. 그렇게 1주일 정도 지난 어느 날, 고백하고 싶었다.

일주일 만에 프로포즈? 성급하지 아니한가, 라고 생각할 수도 있을 것 같다. 하지만 시간은 상대적이다. 누군가에겐 지겨운 시간이지만 또 다른 누군가에겐 순식간에 지나가는 순간에 불과하니까.

당신의 애정은 몇 퍼센트입니까?

"나는 ○○○씨를 좋아합니다."

머뭇거릴 이유도 없었지만, 진심이 왜곡되지 않게 말로 전달하는 일은 신경이 곤두설 정도로 조심스러웠다. 생각하였다. 좋아한다는 감정을 청각적으로 전달하는 방법, 즉 편지와 같은 소통 도구를 거치지 않고 말로써 전달할 때에는 내 사랑을 어떻게 계량해서 보여 줄 수 있을지. 만약 상대방이 "좋아합니다."라는 내 고백에 되받아치기를 "그렇군요. 저도 알고는 있었습니다. 당신의 저에 대한 호감을요. 그런데 말씀을 좀 자세하게 해 주시면 안 될까요? 당신의 저에 대한 그 사랑의 마음은 몇 퍼센트입니까?"라고 한다면, 나는 100%라고 할까 아니면 51%라고 하는 것이 현실적일까. 한동안 고민하였다. 다행히 상대는 까다롭지 않았다. 되받아치지 않았다. 단답형, 오지선다형, 백분율 그 어떤 것을 고민할 필요가 없었다.

살다 보면 행운이라는 것이 찾아오기도 한다. 그렇게 석 달 만에 혼례를 치르고, 아이 셋을 얻고, 오늘도 스스로 옳다고 생각하는 일을 하고 있다. 어찌 행운을 누리는 삶이 아닌가. 고마운 마음으로 협동하면서 살아간다.

누군가 짝을 만나지 못해 고민하는 것을 볼 때면 나는 조심스럽게 말한다, 진심으로. "저 같은 남자도 이렇게 살고 있습니다."

라고.

　사람이 천성天性으로 타고 난다는 사단四端이 있어도 믿음이 보태져야 비로소 오상五常이라고 하지 않는가? 믿음, 사랑과 같은 감정의 계량화計量化! 쉽지 않은 부분이다. 그렇지만 감정의 객관성, 공정성을 담보해야 하는 곳에서는 계량화의 노력이 필요하다. 그리고 노동법 문구의 계량화는 말할 필요도 없이 무척이나 어려운 일이다. 그러니 수고가 필요하다. 각고의 노력이 필요하다.

대한민국 노동법의 변천과 지방정부의 참여

노동법이 탄생한 이유는 경제적 약자인 근로자를 보호하기 위함이다. 노동법은 곧 근로자 보호법이며, 근로자의 사용자에 대한 종속성從屬性을 본질로 한다. 여기서 종속성은 경제적 종속을 의미하는데, 적어도 출발은 그러했다.

임금 근로자의 종속성은 억압과 차별을 양산하고 인권에 대한 무시와 가난의 대물림까지 만들었다. 노동법은 이를 극복하고자 하는 노력으로 탄생한 사회법으로, 노동삼권勞動三權은 종속적인 신분을 가진 근로자에게 사용자와 대등한 최소한의 힘을 부여하고자 만들어졌다. 쟁의행위로 사용자의 정당한 업무 수행을 방해할 수 있는 합법적인 권리도 부여하였다.

19세기 자본주의 초기의 시대 상황과 21세기 시대 상황은 다르다. 경제적 종속성만으로는 노동삼권을 행사하는 현실이 설명되지 않는 비율이 높아졌다. 국민 전체에 대한 봉사자인 공무원의 노동삼권은 조직적 종속성組織的 從屬性 으로 접근해야 한다. 근로자 보호는 근로계약 관계의 상대방인 사용자를 규제하는 의미가 된다. 따라서 노동법은 근로자 보호와 사용자 권리 간의 균형均衡과 조화調和를 생각하지 않으면 안 된다.

국민의 자격 차원에서의 근로자 보호는 노동법이 아니라 사회복지 차원에서 다루어야 할 사안이다. 국가사회가 보편적 복지로 책임질 사안을 사용자에게 전가하면 안 된다. 대한민국 노동법의 출발은 자유와 창의를 출발로 하는 헌법정신에 따라 법률-시행령(대통령령)-시행규칙(장관령)과 지방정부의 조례-규칙이 따르기 때문이다.

먼저 헌법의 정신을 확인해보자.

헌법

■ 제119조
① 대한민국의 경제질서는 개인과 기업의 경제상의 자유와 창의를 존중함을 기본으로 한다.
② 국가는 균형있는 국민경제의 성장 및 안정과 적정한 소득의 분배를 유지하고, 시장의 지배와 경제력의 남용을 방지하며, 경제주체간의 조화를 통한 경제의 민주화를 위하여 경제에 관한 규제와 조정을 할 수 있다.

■ 제32조

① 모든 국민은 근로의 권리를 가진다. 국가는 사회적·경제적 방법으로 근로자의 고용의 증진과 적정임금의 보장에 노력하여야 하며, 법률이 정하는 바에 의하여 최저임금제를 시행하여야 한다.

② 모든 국민은 근로의 의무를 진다. 국가는 근로의 의무의 내용과 조건을 민주주의원칙에 따라 법률로 정한다.

③ 근로 조건의 기준은 인간의 존엄성을 보장하도록 법률로 정한다.

④ 여자의 근로는 특별한 보호를 받으며, 고용·임금 및 근로 조건에 있어서 부당한 차별을 받지 아니한다.

⑤ 연소자의 근로는 특별한 보호를 받는다.

⑥ 국가유공자·상이군경 및 전몰군경의 유가족은 법률이 정하는 바에 의하여 우선적으로 근로의 기회를 부여받는다.

■ 제33조

① 근로자는 근로 조건의 향상을 위하여 자주적인 단결권·단체교섭권 및 단체행동권을 가진다.

② 공무원인 근로자는 법률이 정하는 자에 한하여 단결권·단체교섭권 및 단체행동권을 가진다.

③ 법률이 정하는 주요방위산업체에 종사하는 근로자의 단체행동권은 법률이 정하는 바에 의하여 이를 제한하거나 인정하지 아니할 수 있다.

■ 제37조

① 국민의 자유와 권리는 헌법에 열거되지 아니한 이유로 경시되지 아니한다.

② 국민의 모든 자유와 권리는 국가안전보장·질서유지 또는 공공복리를 위하여 필요한 경우에 한하여 법률로써 제한할 수 있으며, 제한하는 경우에도 자유와 권리의 본질적인 내용을 침해할 수 없다.

노동법勞動法! 단일 노동법(예를 들어 국회 제정 '근로법률' 또는 '노동법률')은 존재하지 않는다. 여러 법률에 노동에 관한 내용이 포함되어 있으며, 노동법은 다양한 존재 형식의 집합체이다. 법령은 대표적인 존재 형식이다. 법원法源이다. 법령은 법령 이외의 존재 형식에 지대한 영향을 준다. 직률直律 효력이라 한다. 따라서 법령부터 살펴야 한다.

근로계약, 근로시간과 휴식, 해고 등의 제한, 직장 내 괴롭힘 예방 및 대책, 취업규칙 등 노동 조건의 최저 기준을 정한 근로기준법, 근로자의 업무상 재해에 대한 보상기준을 정한 산업재해보상보험법, 중대재해기업 처벌법, 근로자의 고용안정과 실업급여 등을 내용으로 하는 고용보험법, 최저임금의 기준과 결정을 정한 최저임금법, 노동조합과 노동쟁의교섭, 조정과 쟁의행위 그리고 단체협약에 관한 노동조합 및 노동관계조정법, 근로자 파견사업의 적정한 운영을 기하고 파견근로자의 근로 조건 등에 관한 기준을 정한 파견근로자보호 등에 관한 법률, 기간제 및 단시간 근로자의 근로 조건 등에 관한 기준을 정한 기간제 및 단시간 근로자보호 등에 관한 법률, 고용보험 및 산업재해보상보험의 보험료 징수 등에 관한 법률, 산업안전보건의 최저 기준을 정한 산업안전보건법, 남녀고용평등과 일·가정 양립 지원에 관한 법률, 고용상 연령차별금지 및 고령자고용촉진에 관한 법률, 근로기준법상

퇴직금제도에서 독립한 근로자퇴직급여 보장법, 임금채권 보장법, 직업안정법, 근로자복지기본법, 사회보장기본법, 외국인 근로자의 고용 등에 관한 법률, 30인 이상 사업장에 적용되는 근로자 참여 및 협력 증진에 관한 법률, 건설 근로자의 고용개선 등에 관한 법률, 공무원의 노동조합 설립 및 운영 등에 관한 법률, 교원의 노동조합 설립 및 운영 등에 관한 법률, 선원법, 장애인고용촉진 및 직업재활법, 청년고용촉진 특별법, 국가기술자격법, 사내근로복지기금법, 사법경찰관리의 직무를 수행할 자와 그 직무 범위에 관한 법률, 근로자의 날 제정에 관한 법률, 청원경찰법, 공인노무사법 등 수많은 법률이 있다.

이를 총망라하여 노동법勞動法 법률法律이라 칭한다.

이를 ① 근로자 개인의 근로 조건을 보호하는 법률(개별적 노동관계법)과 ② 근로자 단체 또는 노동조합의 조직과 운영 그리고 노사 간 교섭, 조정, 쟁의행위 그리고 단체협약을 규정한 법률(집단적 노동관계법), ③ 노사관계를 지원하고 조정하고 중재하는 행정절차를 규정한 법률(조직절차법)로 분류하기도 하고 또는 (1) 개별적 노동관계법과 (2) 집단적 노동관계법으로 구분하고, 전자에는 ① 취업 보장에 관한 법률(직업안정법, 직업훈련기본법, 남녀고용평등법, 국가유공자 등 예우 및 지원에 관한 법률), ② 근로 조건에 관한 법률(근로기준법, 최저임금법, 산업안전보건법, 선원법), ③ 사회보험에 관한 법률(산업재해보상보험법, 연금법 및 국민건강보험법, 고용·보험법), 후자는 ① 노동조합 및 노동관계조정법, ② 근로자 참여 및 협력 증진에 관한 법률, ③ 노동위원회법으로 분류하기도 한다.

　　노동 법률의 탄생 순서대로 나열해보면 다음과 같다.

제정 연도	법률 명칭
1949년	국가공무원법, 병역법
1953년	근로기준법, 노동위원회법, 교육공무원법
1956년	사법경찰관리의 직무를 수행할 자와 그 직무 범위에 관한 법률
1960년	공무원연금법
1961년	직업안정법, 부정경쟁방지법 (현 부정경쟁방지 및 영업비밀보호에 관한 법률)
1962년	선원법, 청원경찰법
1963년	노동조합법 (1997년 노동조합 및 노동관계조정법으로 통합) 노동쟁의조정법 (1997년 노동조합 및 노동관계조정법으로 통합) 의료보험법 (현 국민건강보험법), 근로자의날 제정에 관한 법률, 지방공무원법 출입국관리법, 산업재해보상보험법
1973년	국가기술자격법
1974년	사립학교교직원 연금법
1980년	노사협의회법 (현 근로자 참여 및 협력 증진에 관한 법률)
1981년	한국직업훈련관리공단법 (현 한국산업인력공단법), 산업안전보건법
1984년	진폐의 예방과 진폐근로자의 보호 등에 관한 법률, 공인노무사법
1986년	국민연금법, 최저임금법
1987년	남녀고용평등법 (현 남녀고용평등과 일·가정 양립에 관한 법률)
1989년	기능장려법 (현 숙련기술장려법)
1990년	장애인고용촉진 및 직업재활법
1991년	사내근로복지기금법, 고용상 연령차별금지 및 고령자고용촉진에 관한 법률
1993년	고용보험법, 고용정책기본법
1995년	양성평등기본법, 사회보장기본법
1996년	건설근로자의 고용개선 등에 관한 법률

1997년	자격기본법, 직업교육훈련촉진법, 공기업의 경영구조 개선 및 민영화에 관한 법률 제대군인지원에 관한 법률
1998년	파견근로자보호 등에 관한 법률, 임금채권보장법
1999년	노사정위원회 설치 운영에 관한 법률 (현 경제사회발전 노사정위원회 법률) 교원의 노동조합 설립 및 운영에 관한 법률
2001년	국가인권위원회법
2003년	외국인 근로자 고용 등에 관한 법률 고용보험 및 산업재해보상보험의 보험료징수 등에 관한 법률 어선원 및 어선 재해보상보험법
2004년	청년실업해소 특별법 (2008년까지 한시법)
2005년	공무원의 노동조합 설립 및 운영에 관한 법률 저출산 고령사회기본법, 근로자 퇴직급여보장법
2006년	기간제 및 단시간근로자 보호 등에 관한 법률
2007년	사회적기업 육성법 장애인차별금지 및 권리구제 등에 관한 법률
2008년	경력단절 여성 등의 경제활동 촉진법
2009년	국민연금과 직역연금의 연계에 관한 법률 청년고용촉진 특별법 (2013년까지 한시법)
2010년	노사관계 발전 지원에 관한 법률
2011년	석면피해구제법, 석면안전관리법
2014년	채용 절차의 공정화에 관한 법률
2019년	산업현장 일·학습 병행 지원에 관한 법률
2020년	구직자 취업 촉진 및 생활 안정 지원에 관한 법률 파독 광부·간호사·간호조무사에 대한 지원 및 기념사업에 관한 법률 한국고용노동교육원법
2021년	청년고용촉진 특별법 중대재해기업처벌 등에 관한 법률 가사근로자의 고용개선 등에 관한 법률 필수근로자 보호 및 지원에 관한 법률 공휴일에 관한 법률

위 법률 중에서 개정의 역사를 보면 근로기준법^{勤勞基準法}이 타의 추종을 불허한다. 1953년 제정 이후 20년 만인 1973년 새로 제정한 근로기준법은 2021년 5월 18일 제36차 개정에 이르렀다.

그만큼 이해관계 당사자 간 첨예한 충돌과 갈등이 빚어지는 영역이라는 것을 여실히 보여 준다.

노동조합勞動組合 및 노동쟁의조정법勞動爭議調停法 또한 만만치 않다. 1953년 제정 후 1997년 새로이 제정(노동조합법과 노동쟁의조정법을 폐지하고 통합)한 이래 2021년 1월 15일 제11차 개정에 이르렀다. 대한민국의 노사관계가 그만큼 치열했음을 열변하고 있다.

근로기준법勤勞基準法과 노동조합법勞動組合法, 이 두 법률이 수레의 두 바퀴처럼 축을 이루고, 다른 법률이 여기에서 따로 떨어져 나와 함께하는 구조이다.

노동 법률을 목적/대상별로 다시 정리해본다.

구분	법률명	보호 권리/목적	보호/지원 대상 근로자
개별적 근로관계법	근로기준법	근로 조건 전반	5인 이상/(일부)4인 이하 사업장 근로자
	근로자퇴직급여 보장법 임금채권 보장법 최저임금법	임금/퇴직금	전체 근로자 체불 근로자 전체 근로자
	파견근로자 보호 등에 관한 법률	파견직 보호	파견직/용역직/하도급 근로자
	남녀 고용 평등과 일 · 가정 양립 지원에 관한 법률	고용 평등/일 · 가정 양립	전체 근로자
	노동위원회법	해고/징계/전보 정당성	전체 근로자
	기간제 및 단시간 근로자 보호 등에 관한 법률	고용안정/차별금지	비정규직/시간제근로자
	선원법	선원 근로 조건	선원
집단적 노사관계법	노동조합 및 노동관계 조정법	단결권/단체교섭권/단체행동권	전체 근로자
	근로자 참여 및 협력 증진에 관한 법률	경영참여/노사협력	상시 30인 이상 사업(장)
	노동위원회법	부당노동행위	노동조합/조합원

	산업안전보건법	산업안전/보건	전체 근로자
산업안전/ 산업재해	진폐의 예방과 진폐근로자의 보호 등에 관한 법률	산업안전/보건	진폐 근로자
	산업재해보상보험법	업무상 재해 보상	산재 근로자
고용안전	고용보험법	고용안정/직업훈련/ 재취업	실업자/취업자
	건설 근로자 고용 개선 등에 관한 법률	고용개선/복지증진	건설근로자
	고용정책기본법	고용안정/직업능력개발	구직자/근로자
	고용상 연령차별 금지 및 고령자 고용촉진에 관한 법 률	연령차별 금지/ 고령자 고용촉진	고령자/준고령자
	근로자직업능력개발법	근로자직업능력개발법	구직자/근로자
	장애인 고용촉진 및 직업재활법	장애인 고용촉진/ 직업재활	장애인
	직업안정법	취업기회 제공/직업안정	구직자
	직업교육훈련촉진법	직업훈련기회 제공/ 교육 질 향상	직업교육 훈련생
	청년고용촉진특별법	청년고용촉진	15~29세 청년 미취업자
근로복지/ 기타	근로복지기본법	근로의욕 증진/ 삶의 질 향상	전체 근로자
	경력단절 여성 등의 경제활동 촉진법	경제적 자립/자아실현	경력단절/미취업 여성

지방정부(지방자치단체), 노동 업무에 뛰어들다

노동법은 국가 사무國家 事務로 분류된다. 따라서 국회와 중앙정
부에서 관할한다. 2010년 노사관계 발전 지원에 관한 법률은 지
방자치단체가 해당 지방자치단체 관할 지역의 근로자, 사용자 및
주민과 지방자치단체(이하 "지역 노사민정"이라 한다) 간 협력 활성화

를 위하여 노력하여야 하고, 지역 노사민정 간 협력증진을 위하여 필요한 사항을 지원할 유보 조항을 두었고, 지역 노사민정 협력 증진을 위한 국가와 지방자치단체의 지원 등에 필요한 사항을 대통령령으로 정하도록 했다.

2020년 산업안전보건법은 지방정부의 산업안전 보건업무 수행 의무를 규정하였다. 지방의회가 조례를 통해 해당 지방의 노사관계 발전, 시민 근로자의 노동 조건 보호에 참여하기 시작하였다.

지방자치단체가 근로기준이나 노사관계 규율에 관여한 것은 최근의 일이다. 지방정부(광역자치단체/기초자치단체) 차원에서 스스로 노동정책 기본계획을 수립하고 노사정협의회 설치, 노사관계 지원, 산업안전보건 사무에 뛰어들고 있다. 관련 지방의회의 조례 제정이 급격하게 증가하는 양상이 뚜렷하고, 지방자치단체장의 규칙 제정으로 근로자 권리보호증진과 관련된 사무에 본격적으로 참여하기 시작했다.

노사관계 발전 지원에 관한 법률(2010년 제정)

- 제3조(지방자치단체의 책무 등)
① 지방자치단체는 제2조 각 호에 따른 국가의 시책에 적극 협조하고, 해당 지방자치단체 관할 지역의 근로자, 사용자 및 주민과 지방자

치단체(이하 "지역 노사민정"이라 한다) 간 협력 활성화를 위하여 노력하여야 한다.

② 국가는 지역 노사민정 간 협력 증진을 위하여 필요한 사항을 지원할 수 있다.

③ 국가는 지방자치단체별로 지역 노사민정 간 협력 활성화 및 상생의 노사관계 구축 등 성과를 평가하여 우수 지방자치단체에 대하여 표창 수여, 포상금 지급 등의 우대조치를 할 수 있다.

④ 지역 노사민정 협력 증진을 위한 국가와 지방자치단체의 지원 등에 필요한 사항은 대통령령으로 정한다.

산업안전보건법

■ 제4조의2(지방자치단체의 책무)

지방자치단체는 제4조 제1항에 따른 정부의 정책에 적극 협조하고, 관할 지역의 산업재해를 예방하기 위한 대책을 수립·시행하여야 한다. [본조신설 2021. 5. 18.], [시행일 : 2021. 11. 19.] 제4조의2

■ 제4조의3(지방자치단체의 산업재해 예방 활동 등)

① 지방자치단체의 장은 관할 지역 내에서의 산업재해 예방을 위하여 자체 계획의 수립, 교육, 홍보 및 안전한 작업환경 조성을 지원하기 위한 사업장 지도 등 필요한 조치를 할 수 있다.

② 정부는 제1항에 따른 지방자치단체의 산업재해 예방 활동에 필요한 행정적·재정적 지원을 할 수 있다.

③ 제1항에 따른 산업재해 예방 활동에 필요한 사항은 지방자치단체가 조례로 정할 수 있다. [본조신설 2021. 5. 18.] [시행일 : 2021. 11. 19.] 제4조의3

지방정부의 정책 수립은 노동 현장의 목소리가 반영된 것이다. 법 제도는 갈등과 충돌이 타협한 산물이다. 노동법은 근로자의 삶과 직결되며, 사용자는 직접적인 이해관계자가 된다. 고용관계/근로계약 관계가 존재하는 한 잠시도 멈추지 않을 것이다.

노동법은 계속해서 진화進化해 왔으며, 현재진행형現在進行形이다.

근로기준법은 노동법의 중심에 서야 하고 재편성해야 한다.

근로기준법의 해체! 이제 막아야 한다.

산업안전보건법이 독립했다. 최저임금법이 독립했다. 근로자 퇴직급여 보장법이 독립했다. 파견법, 기간제법이 새로 등장하였다. 가장 최근에는 공휴일에 관한 법률이 새로 등장했다. 고평법, 고령자 고용법 등 수도 없는 노동 법률이 제정되고 있다.

산업안전보건법을 제외한 파견근로자보호 등에 관한 법률, 기간제 및 단시간 근로자 보호 등에 관한 법률, 퇴직급여보장법은 근로기준법으로 편입해야 한다. 재정비해야 한다.

근로기준법은 시대정신을 반영해야 한다.

근로기준법은 해고의 사유를 하나의 용어로 규정하고 있다. "정당한", 이것이 전부다. 채용 과정에서의 근로기준은 특별법(2014년 제정, 채용 절차의 공정화에 관한 법률)으로 규정하였다. 그렇지만 인사 배치(평가의 최저 기준은 언급하지 않고 있다.)는 취업규칙이나 단체협약으로 정할 사항으로 보고 있다.

이것은 문제가 있다. 노동법은 재직 중에 발생하는 승급, 승진, 성과급 지급기준이 되는 평가에 대해 눈을 감으면 안 된다. 사용자의 인사평가 권한은 재량 권한이다. 다만 그 재량권은 남용되지 않아야 하며 일탈하지 않아야 한다는 원칙을 포함하여 객관적이고 공정하며 합리적인 평가기준에 따라야 한다는 수없이 축적된 행정 해석, 판례를 근로기준법에 명시해야 한다.

고용노동부 매뉴얼/지침이 파란을 일으킨 적이 있었다.

훈령訓令, 예규例規, 지침指針, 고시告示 등의 이름으로 지칭되는 행정규칙은 행정부 내부적 규율로서 국민에 대한 구속력이 없으며, 법령상 근거가 존재할 이유는 없다.

대한민국 노동법의 역사에서 생생하게 기억되는 사건이 있었다. 법률을 초월하는 행정부 지침이 과연 타당한가, 합법적인가라는 논란이 2016년도 발생하였던 것이다. 바로 고용노동부 공정인사지침과 취업규칙 변경 운영지침이 그것이다. 소위 2대 지침 사건이다.

이 지침은 해당 정권이 탄핵을 당함으로써 현장에 뿌리도 내리지 못하고 약 1년 만에 차기 정권에 의해 공식 파기破棄 선언이 되었다. 극히 드문 초유의 사태였다. 정부가 기업의 인사에 지침을 내렸던 것이다.

나름의 이유는 내세우고 있었으나 이 지침은 해고자유화 시대를 열었다는 대반격에 직면하였는데, 지침의 내용을 보면 공정이라는 이름 아래 평가-절차를 상세하게 적어놓고 있다. 1998년 IMF 외환위기에 정리해고의 아픔을 갑자기 겪었으며, 사회보장이 미흡하여 고용보장에 촉각이 서 있는 대한민국 사회에서는 민감한 부분이다.

정부가 평가를 통한 저성과자의 해고기준을 내놓기 위해서는 성급하게 추진해서는 안 된다. 하려면 제대로 해야 하고, 그렇지 않다면 서두르지 말아야 한다. 우선 정부 제안 근로기준법 개정안에 공정인사기준 원칙을 명시하는 것이 순서이고, 국회에서 의결하는 것이 선결 과제이다.

고용노동부에서 발표했던 공정인사지침은 내용이 난해하므로 쉽게 이해할 수 있게 단계별로 표로 작성해보았다.

2016년 1월 25일 공정인사지침 (고용노동부 매뉴얼)

정당성 판단 요소			구체적 내용	불가요소
해고사유		취업규칙 (단체협약)에 명시	근무성적이 "현저히" 불량한 경우로 명시 징계사유화 분리하여 통상해고 사유로 명시	
객관·공정·합리평가	합리적 평가기준	평가내용의 적합성	• 업무능력, 근무실적을 대상으로 평가 • 수행업무와 관련 있는 사항에 대해 평가	(예)영업직에 대해 영업실적보다 다면 평가 비중이 높은 경우
		평가 항목의 구체화 세분화	• 평가등급을 다단계로 구성 • 평가기준을 구체화, 세분화	
		평가기준 마련 시 근로자 대표 참여	• 노조 등이 평가기준 설계 시 참여	
	평가 방법의 타당성	개별평가원칙, 집단평가예외	• 개별평가 원칙, 예외적으로 집단평가 가능	
		계량평가원칙, 비계량평가예외	• 계량평가 원칙, 일부 비계량평가 가능 • 평가자 복수, 다면평가 시 유리	
		절대평가필수. 상대평가불가	• 절대평가	상대평가 불가
	평가 실행의 신뢰성	평가자 선정	• 평가자 복수, 다면평가 시 유리	
		평가기준과 절차 준수	• 정해진 절차 준수	평가단계 생략
		이의제기 절차	• 이의제기 절차 준수	
	대상자 선정	저성과자 선정기준	• 3년 연속 최하위자 인정 사례 있음	1년 평가는 불가 사례
		합리적 제외기준	• 신규조직 발령 1년 이내자 등은 제외	
교육훈련		교육훈련 기회 제공 방법	• 업무능력 및 성과개선의 여지가 없는 명백한 경우업무 저조 확인 시 개선을 위한 교육 시행, 충분한 교육 시간 부여	(예)영업직->고객 만족업무 전환 (예)단순노무 및 청소업무자 역량 개발
고용유지 노력		배치 전환	• 업무능력 및 성과개선의 여지가 없는 명백한 경우 실질적 업무능력 개선을 위한 업무 조정 필수	
해고 대상자 판단		최후 수단 관점	• 업무능력 및 성과 개선의 여지가 없는 명백한 경우	

고용노동부의 공정인사지침은 사업장의 취업규칙 가이드라인이 되었고, 사용자의 교섭 요구안이 되었다. 적어도 신속한 준비, 만반의 공격 준비가 있었다. 노동조합, 근로자는 초긴장 상태에 돌입했다.

현행 근로기준법에는 근로자의 해고사유를 2원화하고 있다. 즉 일신상의 행태 사유, 즉 징계懲戒 해고와 IMF시대에 들어온 긴박한 경영상의 이유, 즉 정리整理해고 두 가지뿐이라는 것이 통설이다.

여기에 공식적으로 정부가 사용자의 일방적인 권한인 평가권(성과 평가)에 기초한 이른바 저성과자를 합법적으로 해고할 수 있는 물꼬를 터 주겠다고 천명하는 처사에 분노하지 않을 수 없었고, 이것을 두고 정부의 도발이라 하지 않을 수 없었다.

문제는 공정인사지침이 문제인 정부의 공식적 폐기 선언으로 완전히 소멸한 것인가? 라는 의문이다.

공공 영역의 노사관계에서 사용자가 정부지침에 근거해서 기획하고 준비했던 평가(저성과자 선정-교육훈련-해고)에 대한 취업규칙은 일제히 스톱이 되었지만 과연 사기업에서도 사용자의 서랍에 들어 있는 파일이 폐기되었을까? 알 수 없다.

노동법은 정치 상황, 경제 상황에 영향을 받는다. 한국경제는

SOE(Small Open Economy)로, 수출 중심 경제체제이다. 국제정치와 경제 상황이라는 외부 변수에 민감하게 반응한다. 이는 근로자에게 불안심리가 상존하고 노사갈등을 확산시키게 되는 이유가 된다.

확신할 수는 없지만 사용자는 기회를 엿보고 있다고 생각한다. 왜냐하면 사용자에게 해고 권한을 부여해 주는 이 지침을 그냥 포기할 이유는 전혀 없기 때문이다. 이만한 무기가 또 어디에 있겠는가.

'공정인사지침'은 죽지 않고 숨어서 호흡을 가다듬고 있다

대부분 고용노동부 매뉴얼, 가이드, 지침은 법령을 충실하고 자세하게 해석해 주는 기능을 수행한다. 압축적 언어로 만들어진 법령이 가지고 있는 한계를 해소하고 현실에서 적용하기 쉽도록 상세하게 해석함으로써 현장에서는 법령과는 차원이 다른 이해력을 발휘한다.

최근의 민간 위탁근로자 근로조건보호 가이드라인 실무 매뉴얼(2021)을 비롯하여 재택근무 종합 매뉴얼(2020), 재취업지원 서비스운영 매뉴얼(2020), 직장갑질(정부가 스스로 '괴롭힘'을 '갑질'이라는 용어로 대체하고 동일시하고 있음을 나타내는 것으로 회자된다) 판단 및 예방 대응 매뉴얼(2019), 퇴직급여제도 업무 매뉴얼(2019), 채용절차 공정화 업무 매뉴얼(2019), 공무원 단체교섭 대상 판단 업무 매뉴얼(2019), 적격 수급업체 선정을 위한 도급사업 안전보건관리 매뉴얼(2018), 노동시간단축 가이드(2018), 근로시간 해당 여부 판단 기준(2018), 유연근로시간제 가이드(2018), 직장 내 성희롱예방 대응 매뉴얼(2018), 산업안전보건교육 가이드북(2017), 출퇴근재해 업무처리지침(근로복지공단 2017), 아파트 경비원, 학교 당직 근로자 등 감시단속적 근로자의 근로시간, 휴게시간 구분에 관한 가이드라인(2016), 사업(장)단위 복수노조 업무 매뉴얼(2010), 근로시간 면제한도 적용 매뉴얼(2010) 등 무수히 많다.

10년이 지난 사업(장)단위 복수노조 업무 매뉴얼과 근로시간 면제한도 적용 매뉴얼은 지금도 여전히 유효한 자료집으로 활용되고 있다. 일선 근로감독관의 놀라운 혜안과 노력에 감사드린다.

AI, 공유노동 시대

요즘 들어 여름철 물난리는 연례행사이다. 홍수가 나서 둑이 무너져 마을 사람이 모두 나와 삽과 곡괭이를 들고 복구 작업을 하는 모습들, 모래 자루를 만들어 둑을 쌓고 인간사슬을 만들어 물을 막는 그림이 텔레비전 화면에 등장한다. 중국이나 북한으로부터 전해지는 뉴스에 등장하곤 하는 모습이다.

반면 한국은 대개 굴삭기 같은 중장비가 그 일을 대신 한다. 굴삭기는 인간이 삽을 들고 할 수 있는 1,200배의 일을 해 낸다. 도저히 인간의 노동력은 효율적인 면에서 기계와 비교할 수 없다.

기계가 사람의 일자리를 빼앗는 일은 산업혁명 초기에도 있었고, 기계파괴운동(Luddite)이 노동조합을 중심으로 행해졌다. 자동화기기의 생산현장 도입으로 근로자가 설 자리를 잃어가고 있다는 소식은 새롭지 않다. 이미 만연해 있고 그 속도도 빠르다.

2005년 닛산자동차공장을 견학한 적이 있었다. 컨베이어 시스템 생산라인에서 로봇이 조립을 담당하고 있었고, 사람은 중간중간 앉아서 고장을 감시하는 역할을 수행하고 있었다. 안내를 하는 일본인의 표정은 미묘했다.

땀 흘려 일하고 휴식을 취하는 즐거움을 최고로 여겼던 농촌 출신 청년에게 로봇이 인간을 대신해 공장을 돌리는 건 충격적인 모습이었다. 안내하는 직원은 출하된 자동차의 고장률이 사람이 조립하는 것보다 더 낮다면서 한국에 있는 자동차 생산공장과 비교해가며 따로 설명하던 모습이 기억난다.

♫ 일하지 않는 자여! 먹지도 마라. 자본가여! 먹지도 마라. 무노동 무임금 근로자 탄압 총파업으로 맞서리라 ♪

〈무노동 무임금가無勞動 無賃金歌〉의 한 구절이다.

농촌 출신인 내 DNA에는 땀 흘려 일하고, 쉬고, 잠이 들고, 다시 일어나서 일하는 미덕이 깊숙이 새겨져 있다. 부작불식不作不食! 게으름을 경계하는 이 글귀를 공부방 벽에 커다랗게 한자로 써서 붙여 놓았던 기억이 난다.

열심히 일하는 것을 사람이 살아가는 도리라고 여기며 살아왔다. 그런데 그런 상식이 도전을 받는다. 열심히 일하는 것이 타인의 짐을 덜어 주는 것이 아니라 일자리를 빼앗는 것이라는 주장도 가끔 들린다. 일하는 것이 천형이 아니라 이제는 일자리가 줄어 서로 나누어야 할 공유제가 되었다는 이야기이다.

노동시간 단축의 명분에서도 일자리 나누기(Work Sharing)가 제시되었다. 주 44시간에서 주 40시간제로 변경되던 2000년대 초기의 일이다.

하지만 노동시간 단축이 일자리를 나누었다는 증거를 제시해 보라는 비판적인 시각이 있다. 현장에서도 줄어든 시간을 채워줄 인력 충원이 기대에 미치지 못한다는 실증이 많다. 그럼에도 일자리를 나누어야 한다는 주장은 많은 것을 시사한다. 산업구조 전환에 따른 노동 인식의 변화다.

2016년 봄 바둑 프로그램 AI 알파고와 인류 바둑 대표 이세돌의 5번기가 있었다. 게임이 될 수도 없는 경기라는 주장이 양측을 응원하는 쪽으로부터 나왔다. 그러면서 마음 한구석에는 인간의 두뇌가 컴퓨터를 이기길 간절하게 바랐으며, 4국에서 78수 이후 알파고의 갈팡질팡하는 수를 보며 환호했다.

'역시 기계는 인간의 창조정신을 따라갈 수 없어. 뛰어넘을 수 없어.'

하지만 4대 1의 결과에 인류는 허탈해질 수밖에 없었다. 멘붕! 이것은 진정 맨탈 붕괴 사건이었다. 설마 설마하던 것들이 확인된 것이다. AI가 인간을 뛰어넘은 실증적인 이 사건이 일어나고 얼마 후 이세돌은 바둑계를 은퇴했다. AI와 복수전을 벌여 승리를 기대할 수 없다는 이유에 아무도 잡지 못 했다.

혹자는 바둑은 인간정신을 대표하지 못한다는 항변을 내놨다. 그랬으면 좋겠다. 하지만 그렇다고 해서 상황이 달라질 것 같지는 않다.

1999년 로마클럽 보고서 「노동의 미래」는 제레미 리프킨의 『노동의 종말』과 함께 사회과학도들의 필독서였다. 자극적인 제목뿐 아니라 인간노동에 던지는 시사점 또한 커다란 반향을 불러일으켰다. 그러면서도 나는 종말이라는 언어의 선택은 좀 염세적이며 지나친 점이 있다고 생각했다. 희망을 꺾는 처사이니까.

삶은 일하는 것이다. 노동이다. 그 노동이 자율 의사에 의한 것이든, 종속적인 지위에서 타율 의사에 의한 것이든 그렇다. 후자의 경우에도 근로계약 동의에 의하지 않는 것은 없다. 아니면 강제노동이 되고 근로기준법은 가장 강한 형벌로 제재를 한다.

사람 사는 세상은 어울려서 사는 것이고, 어느 하나 자신만의 힘으로 온전히 만들어 낸 것은 드물다. 타인의 노동 덕분에 나는 살아가고 있고, 그래서 인간의 노동이 신성하다고까지 드높이 치켜세울 것까지는 없을지 몰라도 의미를 폄하할 수 없다.

기본소득에 대한 논의는 코로나19 시대를 맞이하면서 급속하게 현실 문제로 자리를 잡았다. 돌발적인 상황이 발생하면 평상시에는 도저히 받아들여지지 않던 것까지도 받아들여진다. 코로나19 이전에는 스위스에서도 부결된 기본소득 논의가 활발하게 펼쳐지고 있다. 노동, 즉 일자리를 어떻게 나누고 공유할 것인지에 대해 책상머리에 앉아 논할 바는 아니지만 그 의미의 지평을 여는 물꼬를 튼 셈이다.

첨단 기술문명은 노동의 비인간화, 인간 노동에 대한 자조 어린 시선을 낳고 있다. AI가 노동을 대체하는 속도가 점점 빨라지고 있다. 산업구조의 변동이 급속도로 빨라지고 있다. 거부할 수 없는 산업구조의 대전환이다. 그렇다면 어떻게 할 것인가?

첫째, 우선 노동의 미래에서 제시하고 있는 해결책은 모든 국민에게 최소한의 생계를 보장할 수 있는 주당 20시간 정도의 노동 기회를 보장해 주는 것이다. 물론 지금과 같은 형태의 전일제 고용 형태가 없어지는 것은 아니고, 공존시키면서 사회 전체적으로 화폐로 측정이 가능하지만 교환되지 않는 형태의 노동을 권장하는 방안이다.

이와 같은 해결책은 분명 상당히 인간적이면서도 좌파적인 접근 방법이라고 생각된다. 지금도 일부에서 이야기되고 있는 모든 사람의 최저생계비 보장 등의 제도와도 어느 정도 유사성을 가지고 있는 제도이기는 한데, 과연 현실적으로 채택될 수 있을지는 모르겠다. 또 개별 국가적으로는 이와 같은 해결책이 가능하다

해도, 전 세계적으로 봤을 때도 마찬가지로 가능할까? 이 역시 좀 더 고민해봐야 할 문제이다.

생산성의 비약적인 향상에 따른 일자리 부족 문제, 분명 앞으로 다가올 세계의 앞에 놓인 시급한 문제점인 것은 분명하다.

둘째, 노사정 합의체제의 구축, 사업장의 노사합의구조 구축이다.

기계의 도입의 필요성이 있는 경우, 사업장 협의 구조에서 로봇이 인간의 노동을 대체하는 범위, 속도를 조사하고 인간 노동의 대체를 피할 수 없는 경우에는 충격을 완화해 가면서 점진적으로 도입해야 한다. 국가 차원의 노사정체제에서의 큰 틀에서 논의가 있어야 한다. 자본 경영의 입장에서도 근로자는 소비자이기도 하므로 소비자에게 소득을 보장하는 것은 반드시 필요하다.

셋째, 대한민국의 경제 질서는 개인과 기업의 경제상의 자유와 창의를 존중함을 기본으로 한다. 헌법정신이다.

자유와 창의는 실력 경쟁을 허용하는 것이며, 경쟁에서 낙오된 자와 경쟁에서 우위를 점한 자간에는 차이가 발생하게 되는데, 이를 차별의 잣대로 재단해서는 안 된다. 자율 의사 노동은 국가가 막을 수 없다. 건강과 바꿔가면서 열심히 일하는 자율 노동에 대해 자제하라고 할 수는 있지만 제재할 수는 없다. 사업장 영역에서는 자유 창의의 극대화가 낳을 차별, 비인간화를 제한하기 위해 근로기준법은 노동시간의 제한, 위반 시 제재를 부여한다. 하지만 각종 유연근무제는 그 제한의 예외의 폭을 넓히고 있다.

넷째, AI가 모든 것을 대체하지는 않는다.

기계가 생산을 담당하고 인간은 소비자로서의 역할을 수행하면 된다고 하지만 의미 있고 중독성 있는 일은 발생한다. 정반합正反合 적응이 인간의 역사였다.

생존을 위해 땀 흘리던 노동의 자리를 기계에게 물려 주고 해방된 인간 노동은 정신 노동에 투여할 여유를 가지게 되었다. 워라벨이라는 말은 마치 일이 생활에 반대된다는 듯한 어감을 주어서 적절하지 않은 표현이지만 그렇게 바라고 바라던 육체 노동의 짐으로부터 벗어나고 있는 것 또한 사실이다. 그러니 인간은 희망에 부풀어 내일을 준비하고 적응해 가면 된다. 노동 해방의 기쁨을 만끽할 수만은 없지만 육체 노동으로부터 해방된 인간은 생각의 전환으로 적응해 진보해 갈 것이다.

미래를 비관하는 자가 신속하게 대책을 세우고 다음 시대에 주류가 된다는 것을 안다. 그러함에도 부정적인 사고로만 일관할 일은 아니다. 정신 노동의 비중이 늘어나고, 지식산업의 비중도 늘어나고 있다. 문제 해결은 지혜가 하고, 민주주의 법제도가 한다. 긍정적으로 보며 그렇게 할 수 있는 역량이 우리 사회체제에게 있다

제2장

현장에서 기록한
노동학 이슈

통상임금! 그 쓰라린 후회

고정적으로, 동일한 액수를 수당手當으로 받는다. 그렇다면 사실상 기본급과 무엇이 다른가?

월급제 임금근로자들이 이 점에 문제를 제기하였다. 1일 8시간, 1주 40시간제, 월급제 근로자가 새벽 6시부터 8시까지(2시간 간격은 근로자별로 다름) 조기 출근해서 업무를 수행해왔다.

이에 따라 고정적으로 연장근로(조기출근)할 것을 근로계약하였고 고정固定 연장근로수당을 받고 있는데, 관행이 되다 보니 본 수당을 통상임금에 포함해 달라고 요구한 것이다.

먼저 해당 수당의 명칭에서 보듯 연장근로수당이라면 통상임금이 아닌 변동임금이며, 이에 반해서 '고정固定'은 통상임금의 핵심적 요소이다.

해당 수당의 금액은 인당 약 15만 원 정도였고, 이를 통상시급에 포함하게 되면 통상시급이 약 700원 정도 인상된다.

이 때문에 만약 이 고정 연장근로수당이 통상임금에 포함된다면, 통상시급을 기준으로 지급이 되는 상여금이 인상되고, 연차수당이 달라지며 정근수당이 달라지는 등 급여의 인상분이 적지 않다. 또한 연장근로수당과 휴일근로수당 그리고 야간근로수당이 달라진다. 임금근로자에게는 현실적인 요구이며, 노동조합은 강력한 투쟁의 의지를 담아 조금도 물러날 생각이 없었고 양보할 수 없는 사안이었다. 만약 사측에서 불성실하게 임하거나 노동조합의 요구를 묵살하면 투쟁을 불사할 것을 선언할 것이다.

2005년 임금교섭,
고정 연장근로수당을 통상임금으로 인정하라!

고정 연장근로수당을 통상임금으로 인정하라는 것이 안건이 되어 노사 간 임금교섭이 진행되었다. 쉽지 않은 안건이라는 것을 알고 있었으므로 교섭을 시작한 노동조합 집행부에서도 조합원에게 힘겨운 투쟁이 될 것이란 점을 예고하였다.

450여 명의 조합원은 교섭에 촉각을 곤두세우고 있었다. 노사 간 교섭의 사용자 측 담당자는 공공기관의 주무부서 실무자들이었다. 노동조합의 주장을 이해하지 못할 것도 아닐 텐데, 상견례부터 노동조합의 주장은 무리한 주장이며 법적으로 타당하지 않다고 반박했다.

교섭이 진행되고 있던 어느 날 상급단체의 법률 담당자인 내게 노동조합위원장이 급히 연락을 해왔다. 내용인즉슨 더 이상 교섭에 대한 의미가 없어 쟁의단계로 넘어가야 하므로 지원을 해달라는 요청이었다. 교섭 현장에서 불손한 언사가 사용자 측으로부터 나왔다는 뒷얘기를 들었다. 연장근로수당이 어떻게 통상임금인가라고 반박하면서 노조 측의 지식이 부족하다며 모욕적인 언사까지 했다는 것이다.

교섭의 실패와 이에 따른 쟁의행위는 절차이행의무가 있으므로 신중해야 한다. 충분한 교섭을 했음에도 불구하고 합의에 실패한 경우에만 쟁의(분쟁)가 성립된다. 여기에다 노동조합이 쟁의행위(파업 등 사용자의 정상적인 업무를 합법적으로 방해할 수 있는 행위)를 하기 위해서는 반드시 두가지 전제조건을 충족하여야 한다. 즉 조정調停을 거쳐야 하고(조정전체주의調整前置主義), 두번째는 쟁의행위찬반투표爭議行爲贊反投票를 전체 조합원에게 부의해서 과반수 찬성(출석 조합원의 과반수가 아니라 재적 조합원)을 얻은 이후 쟁의행위신고를 하고 쟁의행위를 해야 한다. 쟁의행위는 사용자의 업무 수행에 문제가 생기고 나아가 집회시위를 할 경우는 사회질서와 직결되기에 법령으로 까다롭게 규정하고 있다.

'교섭위원 전원 집결'이라는 지침에 따라 소집된 교섭위원들 앞에서 나는 분쟁 절차에 대해 상세히 법적 검토를 해 주었다. 곧 이어 노동조합은 확대간부회의를 소집하였고, 나는 본 회의에서도 법적 사항을 전달하였다.

결국 남은 것은 노동조합의 조직적 결단이다. 노동조합은 소송을 불사한다는 결의를 다진 바 있기에 소송으로 이 문제를 해결하는 것이 사실상 유일한 해결책이라는 결정을 하였다. 공공기관으로서는 사법부의 판결 없이 예산상 조치를 수반하는 결정을 하는 것은 가능하지 않고, 본 사안은 다른 지방자치단체에 미칠 파급력이 적지 않기에 최대한 신중한 자세를 견지했다.

노동조합 사무국에서는 임금자료 수집과 곧 이은 통상임금 요구액 계산을 시작하였다. 노동조합 상근자는 위원장, 수석부위원장, 사무국장 그리고 사무원이다. 이들에게 계산을 할 시간을 주었다. 1주일쯤 지난 시점에서 상근자 중 가장 연장자인 수석부위원장이 전화를 해왔다. 노동조합 사무실을 방문해달라는 요청이었다. 궁금했던 차인지라 몇 시간 후 노동조합 사무실을 방문했다가 고충을 들었다.

"도대체 계산을 시작조차 할 수 없어요."

그렇다. 통상임금의 의미에 대한 분명한 지식이 없다면 계산 진행이 불가능한 일이다. 그리고 종이에 수기로 500여 명의 임금을 적고 거기에서 한 명씩 계산해 보려고 시도하였던 그들로서는 1년 세월을 부여한다 해도 계산을 해내기는 아마 힘든 과제였을 것이다.

이틀 후에 보자고 하면서 500여 명의 가장 최근, 즉 지난 2년 전의 급여명세서를 준비해 놓으라고 요구했다. 왜냐하면 지난 3년 치(36개월)의 임금을 새로 계산하는 문제이기 때문이다. 임금채권은 3년의 단기 소멸시효이기 때문에 근속년수에 따른 차등이 있을 뿐 연장근로시간수, 휴일근로시간수, 야간근로시간수에서는 조합원 간에 별 차이가 없었다. 기본적으로 동일한 임금구조 체계를 갖추고 있기에 구·군 별로 조합원 명단만 확보하면 이틀 안에 쉽게 계산해 낼 수 있으리라 생각하였다.

엑셀 프로그램의 힘

500여 명의 조합원 명단을 구·군별로 기입하고 급여 항목을 기본월급부터 정근수당 등 통상수당을 차례차례로 기재하고, 상여금을 기재하고, 마지막으로 가산임금(연장근로수당/휴일근로수당/야간근로수당) 그리고 실제로 받은 미사용 연차휴가 대체수당(약칭 연차수당)을 엑셀 프로그램을 활용하여 기재하였다. 그리고 문제가 된 고정 연장수당액이 통상임금이 된다면 달라지는(결국, 부족 지급하였고 부족 수급한 것이 되는) 정근수당, 상여금, 가산임금(연장근로수당, 휴일근로수당, 야간근로수당), 연차수당을 해당 수당 다음 셀에 위치하도록 적어 넣었다.

이렇게 시스템을 갖춘 상태에서 한 사람에 대한 것을 계산해 보았다. 추측했던 금액보다 많았다. 근속년수와 체불금액은 비례하였다. 그리고 다른 조합원에게 동일하게 계산식을 쭉 적용해보니 3년치, 즉 36개월 동안 적게 받은 금액의 합계(전체 조합원 합계)가 98억 원이 나왔다. 실로 놀라운 금액이었다. 다음 날 아침까지 검토하면서 오류가 없는지 확인하였다.

그러면서 새로운 발상을 떠올렸다. 상여금(당시 기본급의 400%를 연간 4번 분할 지급)을 통상임금의 범위로 포함한다면 위 청구금액은 얼마나 될까 궁금해졌다. 왜냐하면, 매월 받는 금액뿐만 아니라 연간 단위로 받는 임금도 그것이 고정성을 가지면 통상임금이 아니라 할 수 없다는 의견이 있기 때문이다. 학설도 그렇고 일부 하급심 판례도 그런 유권해석을 하는 사례가 있었으며, 법과대학에서 전공선택 과목으로 노동법을 이수했던 나로서는 이 점을 간과할 수 없었기 때문이다.

그래서 기존의 프로그램을 유지한 채로 상여금 400%가 통상임금이라면 지난 3년, 36개월 동안 조합원마다 적게 받았고 따라서 임금체불로 주장할 수 있는 금액이 얼마인지 그리고 전체 조합원의 금액은 얼마인지를 계산해 보았다. 그 결과 300억 원이 나왔다. 기존의 98억 원을 포함한 금액이다.

이틀 이내에 전달하겠다는 약속은 무리 없이 지킬 수 있었다. 사실 하룻밤에 다 계산이 되었다. 기초 내용을 기재하는 것에 시간이 소요되었을 뿐 계산은 엑셀이 다 하였다.

다음 날 아침 노동조합 사무실을 방문, 위원장을 독대했다. 노동조합 사무실로 들어가면서 "계산을 다 했습니다."라고 말하자, 지었던 상근자의 표정이 아직도 생생히 기억난다. "뭐라고? 그것을 2일 만에 했다고?"

도저히 믿을 수 없다는, 강한 의심을 품은, 마치 농담하지 말라는 표정이었다. 위원장에게 두 가지 금액을 얘기하고는 계산식에 대해 설명하였다. 위원장은 이해가 빨랐다. 엑셀 프로그램에 익숙하지 않은 위원장은 신기하다면서 수고가 많으셨다, 잊지 않겠다고 말했다. 그러면서 이것은 그 누구에게도 말하면 안 된다. 서약서를 쓰지는 않겠지만 결코 밖으로 나가면 안 되는 비밀이라고 신신당부를 하였다. 그 비밀은 15년이 지난 지금에는 더 이상 비밀로 할 이유가 없어졌다. 소송이 완료된 지 오래고 노사 당사자 간에 합의가 끝난 지도 10년이 훨씬 지났으니까.

위원장은 내게 제1안(98억)이 타당하며, 제2안(300억)은 연간 단위로 받는 상여금이나 휴가비까지 통상임금으로 주장하는 것은 조합원의 요구가 아니고, 교섭단의 의사도 아니며, 집행부의 뜻도 아니라고 했다. 나는 위원장의 의사를 수용하였다. 결정은 당사자가 하는 것이고 그 결정을 존중해야 하기 때문이다.

노동조합은 98억 원 소송을 제기하였고, 지역 일간지 1면 톱으로 "미화원 98억 통상임금 소송제기!" 기사가 떴다. 나중에 들은 바로는 소송 진행 중 노사가 대타협으로 화해를 하였고, 사건을 종결하였다.

대법원 전원합의체 판결로 간 통상임금 소송

2012년 GM 자본은 한국 노동계가 상여금 통상임금 소송을 진행하고 있으므로 투자에 신중을 기하고자 한다는 의견을 대한민국 대통령에게 전달했고, 곧바로 언론은 이 사실을 보도하였다.

2013년, 대법원은 전원합의체로 이 문제에 대해 판결을 내릴 것을 결정했다. 하급심에서 각각 다른 판결을 내놓고 있고 사회적으로 큰 혼란이 생긴 통상임금 판결을 대법원이 전원합의체를 통해 판결을 내놓겠다는 것이었다.

이 판결에서 연간 상여금은 통상임금으로 인정을 받았다. 전체 상여금이 아니라 명절 상여금을 제외한 상여금은 정기 상여금이며 통상임금의 요건을 갖춘 것으로 본 것이다.

당시에 나는 이런 생각을 했다.

만약 2005년 7월 22일 내가 위원장에게 상여금 400%를 통상임금으로 간주하고 계산했던 300억 원 소송을 제기하도록 지도하고 고집을 피웠더라면 2013년 대법원 전원합의체 판결은 적어도 3년 아니 5, 6년은 앞당겨졌을 것이라는 점이다. 지금도 후회가 된다. 그리고 수없이 반성하고 있다.

포괄임금제, 임금명세서 교부로 사라지는가?

2021년 6월 어느 날, 심약해 보이는 한 내방자가 노동인권센터로 찾아오셨다. 커피 한잔을 권하고는 동태를 찬찬히 살폈다. 무언가 문제가 있고, 스스로 해소하지 못하는 고민이 있는 것은 분명해 보였다. 그러나 임금체불 문제인지, 연차휴가 문제인지, 퇴직 문제인지, 아니면 최근 이슈가 된 직장갑질 문제인지 분명치 않았다.

잠시 정적이 흐르고 그가 말을 꺼냈다.

"제가 매월 300만 원을 급여로 받고 있습니다. 지난 5개월 동안 1월부터 5월까지 똑같은 금액을 임금으로 받았습니다. 근무시간은 9시부터 18시까지이고 1주일에 40시간을 일하기로 근로계약을 했습니다. 연차수당은 다음해 1월 임금을 받을 때 받기로 했고요. 1주에 60시간을 일하기로 했고, 사실은 그렇습니다. 그러니

40시간에다 20시간을 더한 것이지요. 그런데 300만 원을 받는 것이 임금을 적정하게 받는 것인지 궁금합니다. 물론 시급이 얼마인지는 계약할 때 구체적으로 명시하지 않았으니 최저시급을 기준으로 한다고 생각합니다. 근무시간은 09시부터 18시까지이고, 점심시간 1시간은 휴게시간입니다. 제가 궁금하게 여기는 부분이 잘 전달되었는지요?"

많은 근로자가 이런 고민을 하고 있다. 어떻게 보면 하지 않아야 할 고민이다. 왜냐하면 근로자가 근로계약을 체결한 후, 근로를 하고 그 대가로 임금을 받는 관계인 근로계약 관계에 대해 근로기준법은 당사자의 의사와 무관하게 강행 법률로 규정하고 있다. 임금의 구성 항목이나 계산 방법을 근로자에게 알려 준다면 발생할 수 없는 고민일 수 있기 때문이다.

많은 사업장의 근로자가 이른바 포괄임금^{包括賃金}을 받고 있다. 세부 내역 없이 총액을 매월 똑같이 받는다. 시급을 모르고 연장근로수당, 휴일근로수당, 야간근로수당이 임금 총액에 얼마나 반영되는지 당사자들은 얼마나 궁금해 할까.

달리 생각해보면 근로기준법이 낳은 문제로 볼 수 있다, 근로시간은 1일 단위 8시간, 1주 단위 40시간으로 정하면서 급여는 월 단위로 지급하라고 한다. 매월 합계 근로시간을 시급으로 곱해서 임금을 받는 시급제라면, 근로시간을 꼬박꼬박 메모해 놓으면 매달 체크가 가능할 법도 한데, 31일이 있는 긴 달이나 30일 아니면 28일이 있는 2월에도 같은 300만 원을 임금으로 받다 보니 의문이 말끔히 해소되지 않는 것은 당연하다. 이런 경우 수학이 필요하다. 산수算數라고 해도 되지만 사칙연산으로 풀기에는 한계가 있으니 수학數學이라고 하자.

본 사안은 이렇다.

해결의 출발은 연간 총 근로시간과 월평균 근로시간 그리고 시급을 알게 되면 인수분해가 가능할 것이라는 전제에서 출발한다. 즉 1년을 365일(정확하게 말하면 4년마다 366일이 있는 해가 있기에 평균으로 하면 1년은 365.25일이다), 이를 주週와 일日로 나눈다. 1주일은 7일이므로 1년 365일은 52주 그리고 1일이다. 1주는 40시간으로 1일은 8시간이기에 합의 근로시간으로 계약했다면, 근로기준법은 이를 준수해야 한다고 명령하고 있으니 계산은 분명해진다. 52주 총 근로시간은 52주×40시간이고 남은 1일은 8시간이므로 이를 합하면 2,504시간이 나온다. 이를 12개월로 나누면 월평균 근로시간은 174시간이 나온다.

그러면 174시간분의 급여를 받는다고 할까? 그렇지 않다.

다시 처음으로 돌아가서 1주일에 60시간을 근로한 것으로 계약을 하였다고 했다. 그러면 60시간은 40시간+20시간으로 분해해야 한다.

여기서 40시간은 그대로 40시간인가의 문제가 생긴다. 아니다. 왜냐하면 근로기준법은 1주 개근을 하면 1일의 주휴일을 부여하고 주휴일은 유급이므로 출근하지 않아도 8시간분의 임금을 추가로 지급하게 되어 있다. 이것이 주휴 유급제도週休 有給制度이다. 따라서 40시간은 급여를 받을 때는 48시간이 된다.

다음, 20시간은 이른바 연장근로시간延長勤勞時間이다. 조금 복잡해진다. 왜냐하면 40시간을 초과할 때부터 특근(특별한 근로, 근로기준법이 정한 합의근로시간을 넘어선 근로)이기에 근로기준법은 가산율(할증률)을 적용해서 임금을 지급하도록 명령하고 있다. 할증률은 연장근로(1일 8시간을 초과한 시간), 휴일근로(휴무일, 휴일 등의 쉬는 날에 근로했을 경우 근로한 시간), 야간근로(22시부터 06시까지 근로)에 대해서 각각剗剗 50%의 할증률을 적용해야 한다. 20시간이라는 의미 내용이 연장근로만을 의미하는지, 휴일근로도 포함한 것인지, 아니면 야간근로가 1시간 포함된 것인지가 분명하지 않다.

다시 묻는다.

"20시간이 어떤 의미인지요?"

내담자의 답변은 쿨 하다. 아니면 알아듣기가 복잡해서 그런지, "20시간은 그저 연장근로입니다." 라고 한다.

그러면 20시간은 50%의 할증률을 적용받아서 30시간이 된다. 자, 그러면 60시간은 주휴일을 적용하고 연장근로 할증률을 적용하니 48시간+30시간 합계 78시간이 된다.

다시 돌아가서 (78시간×52주)+8시간 = 연간 4,064시간이 된다.

이를 12개월로 나누면 338.66시간이 된다. 이 시간만큼을 시급으로 곱해서 받으면 된다.

문제는 시급인데, 시급을 정한 바가 없으므로 최저시급을 적용한다고 봐야 한다. 2021년도 최저시급은 8,720원이다.

자, 그러면 계산만 남았다.

8,720원×4,064시간/12개월=2,953,173원이다. 300만 원과 비교해보니 46,827원이 많다. 임금체불이 아니다!

포괄임금제包括賃金制, 이제는 급여명세서給與明細書 교부제도로 극복해야 한다. 포괄임금제가 이러한 고민과 논란을 일으키는 것은 근로자에게 불리하게 작용할 소지가 많고 상식적으로 그런 상황이 발생할 것이 뻔하므로 근로기준법은 2021년 5월 18일 개정으로 임금명세서를 반드시 교부하도록 사용자에게 명령하였다. 6개월의 유예기간을 거쳐 2021년 11월 19일부터 시행된다. 다행히도 5인 미만 사업장에도 동일하게 적용된다. 급여의 계산을 두고 일어났던 오랜 분쟁이 이 법제도의 도입으로 해소되기를 소망한다.

사용자가 여기에 대해 항변의 기회가 있기는 하다. 개근해야 발생하는 주휴 유급시간에 대해 반론을 제기할 수 있으려면 어떤 주에는 개근하지 않았다는 것을 증거로 제시해야 한다.

교대수당 월 14시간, 어디로 갔습니까?

근무 형태는 통상 주간근무와 교대근무로 구분한다. 주간근무는 말 그대로 주간에만 근무하는 형태이다. 교대근무는 주간연속 2교대제, 격일제, 3조 3교대제, 4조 3교대제, 4조 2교대제, 5조 3교대제 등 다양하다. 그 외에 변형變形 근로시간제가 있는데, 탄력彈力 근로시간제, 선택選擇 근로시간제, 인정認定 근로시간제, 재량裁量 근로시간제 및 재택근무제在宅勤務制 등이 있다. 특히 요즈음같이 코로나19 시대에는 재택근무가 확대되고 있다.

장치산업단지 지역에는 4조 3교대제, 4조 2교대제 근무체제를 택하는 사업장이 많다. 기계가 생산공정에서 차지하는 부분이 큰 사업장이다. 노동집약적 산업과 대비된다. 석유화학산업, 비철금속산업은 기계설비가 멈추지 않고 일 년 내내 작동한다. 업종의 특성상 특정 정수시간(shut down, overhaul)이라 해서 일제히 기계설비를 세워 청소하고 정수해서 새롭게 장치를 운전하기 위해 준비하는 짧은 기간이 있는데, 이때에는 최단기에 마무리를 해야 하기에 플랜트 전문일용직 근로자가 신속하게 투입된다.

현행 근로기준법은 1일 8시간, 1주 40시간제를 채택하고 있기 때문에 8시간을 단위로 1일을 3교대제(8시간씩) 아니면 2교대제(12시간 맞교대)로 운영한다. 4개조가 있기에 편성표대로만 하면 주52시간을 초과할 이유는 없다. 쉬는 조가 대기조待期組로 남아서 휴식을 취해야 공장은 근로기준법을 준수해 가면서 운영될 수 있다.

2012년 봄, 어느 날 오후였다.

화학 장치사업장 노동조합 위원장이 황급하게 나를 찾았다. 말인즉 그동안 고정적으로 급여에 포함되어 받았던 고정 연장근로수당(매월 14시간에 해당하며 시급이 1만 원이라고 하면 약 14만 원 상당의 금액이다)이 이번 달 급여에는 일제히 나오지 않았고, 조합원의 항의를 받자마자 사측에 문의 확인해보니 "4조 3교대제에서 그동안 지급해왔던 고정 연장근로수당은 잘못 계산한 것이므로 정상적으로 계산, 무노동 무임금 원칙無勞動 無賃金 原則에 입각하여 앞으로는 지급할 수 없다."라는 말을 들었다는 것이다. 해프닝이겠지, 아니면 계산상 오류이지 않을까 하는 생각이 여지없이 무너지고 마른하늘에 날벼락을 맞은 것 같아 황급히 찾아왔던 것이다.

조합원의 노동권익을 보호하고 증진하는 노동조합으로서는 임금을 상승시켜도 모자랄 판에 받던 임금을 삭감당할 판에 모든 조직력을 동원해서 어떻게든 막아내야 할 상황이 되었다. 노동조합의 자존심이 걸린 문제이고, 생계와 직결된 문제이기도 하다. 나도 '이게 무슨 일인가? 왜 이런 황당한 일이 벌어진 것일까.' 하는 의문이 생겼다. 경기불황으로 인한 회사의 지급 능력에 문제가 생긴 것 때문도 아니었다. '노사 간 교섭에 실패하여 노사 간 힘겨루기의 일환으로 사측이 시도한 것인가?' 라는 생각도 들었는데, 그것 역시 아니었다.

상황을 파악해 보았다. 당 사업장에서도 사측에서 주 40시간제 노동시간 단축으로 저녁이 있는 삶을 향유하고 일자리를 나눠 과로過勞 사회에서 탈출해야 한다는 절대적인 명제를 해 실천하기 위해 지금까지의 4조 3교대제에 대해 점검을 해보았다는 것이다. 그런 과정에서 외부 전문가의 의견을 청취하고 컨설팅을 해본 결과 근로기준법에 명시한 휴게시간을 4조 3교대제 근무자들에게 이행하고 있지 않다는 진단이 나왔고, 지역의 노무사에게 근로기준법을 준수하여야 하는지, 현재는 문제가 없는지를 문의해본 결과 근로기준법상 휴게시간 부여 의무에 문제가 있으며, 이를 적절하게 변경 조치해야 한다는 의견을 받았다는 것이다.

그래서 1일 8시간의 근로를 하는 4조 3교대제 근로자는 1일

24시간을 8시간씩 3개 조가 나누어 근로하면서(1개 조는 대기조로 휴식) 1시간의 휴게시간을 부여받지 못하고 있는 것은 문제이며, 1시간의 휴게시간 부여가 힘들다면 적어도 30분 이상의 휴게시간은 부여해야 교대 근로자의 건강을 지킬 최소한의 보호 조치인 근로기준법을 준수할 수 있다는 결론에 도달하였다는 것이다.

근로기준법 제54조(휴게)를 위반하면 사용자는 2년 이하의 징역 또는 2천만 원 이하의 벌금에 처하게 된다. 위법을 면하기 위한 합법적인 조치라고 사용자는 항변하였다.

4조 3교대제 근무는 날짜별로 나열해보면 4일 단위로 주기적으로 순환근무를 한다. 그러니 4일에 24시간 근무 체제이다. 주간근무자처럼 월요일부터 금요일까지 근무한 뒤 토요일, 일요일을 휴식하고, 휴식하는 어느 하루를 유급휴일(주휴일)로 보장받는 체제와는 다르다. 주간근무자에게는 요일이라는 개념이 있다, 주휴일은 일요일이라는 사고가 정립되어 있다.

하지만 4조 3교대제 근무자에게는 4일 단위로 순환하기 때문에 요일의 개념 특히, 휴일이 특정 요일이 될 수 없고 매번 달라진다. 1주일은 7일이다. 1주일이 7일이라는 확인 문구를 명시하기 위한 근로기준법 개정(2018년도 근로기준법 개정 당시 근로기준법에 "1주일은 7일이다"를 명시)의 역사가 대한민국 노동법 역사에 아로새겨져 있다.

4조 3교대 근무자는 4일에 24시간 근무이므로 1주일(7일)은 42시간이다. 1주 40시간제 근로기준법상 2시간의 초과근무가 자동적으로 발생한다. 이는 연장근로, 즉 특근이다. 근무체계상 고정적으로 발생하므로 고정 연장근로이다.

4조 3교대제 근로계약은 주 42시간 근로계약이다. 그런데 여기서 8시간 전체가 근로시간이라면 의당 주 42시간 근무이며, 42시간 근무에 대해서 40시간은 40시간의 임금을 받아야 하고, 2시간은 연장근로이므로 50%의 할증률(50%)을 적용해서 3시간의 임금을 받아야 한다.

1년은 365일이고 7로 나누면 52.14주이다. 연간 156.42시간의 연장근로수당이며, 12개월로 나누면 1달 평균 13.97시간(반올림하면 14시간)이다. 이 시간을 시급으로 곱해서 교대수당 또는 고정 연장근로수당 또는 교대자 고정 연장근로수당의 이름으로 지급하고 교대근무자는 수당으로 받는다.

한 걸음 더 나아가 여기서 2시간은 연장근로이면서 교대조 배정에 따라 때로는 휴일근로일 수 있고 야간근로가 될 수도 있다. 가산임금加算賃金(연장근로수당延長勤勞手當, 휴일근로수당休日勤勞手當, 야간근로수당夜間勤勞手當)은 각각 50% 할증률을 적용받는다. 이렇게 보면 42시간의 2시간은 최소 3시간 이상이 된다.

사용자는 이를 눈여겨 보았다. 휴게시간 부여의무를 이행하였다는 흔적을 남겨야 하고, 고정 가산임금의 액수도 줄여야 하는 2중의 과제가 발생한다. 왜 근로기준법의 휴게를 보장해 주지 않고 동시에 휴게시간에 대한 무노동 무임금을 적용하지 않는 것인가? 휴게시간을 10분만 부여한다면 고정 연장근로는 발생하지 않는다. 자세히 보면 휴게시간이라 할 시간이 존재할 수밖에 없다는 판단도 하게 된다. 해당 수당은 사라진다. 그래서 지급하지 않았는데 무슨 문제가 있다는 말인가? 임금이 깎여서 화나고 황당해진 노동조합에 오히려 당당하게 받아친 것이다.

사측 주장은 타당한 논리가 있고, 노력이 가상하며, 일리一理가 있다. 하지만 이리二理는 없다. 왜냐하면, 사용자의 주장에는 근본적인 허점이 있기 때문이다. 즉 휴게시간은 그야말로 사용자로부터 자유로운 시간이어야 한다. 근로기준법에도 그렇게 명시되어 있다. 주간근무자의 경우에는 점심시간을 휴게시간으로 부여받고, 휴게시간으로 사용한다. 12시부터 13시까지의 한 시간은 식사시간 및 관련하여 쉬는 시간이다. 업무와 무관한 시간이다.

그런데 교대근무자의 경우는 그렇지 못하다. 만약에 휴게시간을 특정한다고 하더라도 크게 다를 것이 없을 텐데 장치산업 현장에서의 8시간씩 순번에 따라 교대하는 노동에는 휴게시간을 특정하기가 힘들다. 본래 업무 내용이 기계장치의 작동을 감시하는 업무이므로 휴게시간이라고 사전에 특정할 수 없는 측면이 있다. 그렇다고 해서 순수하게 감시단속적 근무처럼 노동 강도가 낮지도 않다.

사측의 말대로 휴게시간을 근로시간에서 빼려고 한다면 휴게시간을 사전에 특정해야 하고, 그 휴게시간에는 업무에서 자유로운 공간으로 이동해서 그야말로 휴식을 향유하겠다고 하면 사용자는 어떻게 할 것인지 되묻지 않을 수 없다.

결국 없었던 일로 마무리를 지었다. 사용자가 철회한 것이다. 나도 조용하게 논란을 종결지어야 한다는 판단을 내렸다. 그 이유는 논란 자체의 결과가 의도된 방향과 만약에 반대로 갈 경우에는 지역의 다른 사업장에 미치게 될 악영향이 너무나 크기 때문이었다. 논란 자체가 손해를 볼 위험을 반 이상 가지고 있는데 이를 증폭할 이유는 없기 때문이었다.

휴게시간의 부여! 노동시간 단축으로 다시 불거지다

주 52시간 노동제의 확대 국면에서 휴게시간의 부여 논란이 다시 일기 시작한다. 현장에서는 시간 단축으로 가능한 실 근로시간이 줄어들자 근로시간을 확보하기 위한 궁여지책으로 근로시간의 일부를 이름만 휴게시간으로 네이밍naming하는 일이 일어나고 있다. 휴게시간이라 쓰고 근로시간으로 부른다고 하니 노사

협조로 이루어진 것으로 보인다. 불법은 아닐 수 있지만 편법이다. 휴게시간으로 부여해서 가능한 근로시간을 확보하고, 휴게시간으로 이름 지은 시간에 대해서는 전과 같은 임금을 지급한다는 것이다.

근로자에게는 임금의 손실이 없고, 사용자는 실 노동시간을 확보할 여지가 생겼으므로 노사협조 차원에서 묘안을 찾았다고 볼 수도 있다. 하지만 경영상 어려움을 이유로 휴게시간을 그야말로 무노동 무임금 원칙의 잣대를 들이대서 임금을 지급하지 않겠다고 할 경우를 예상할 수 있고, 업무상 재해의 발생 시 업무상 재해 인정에 곤란을 겪을 수 있는 우려가 있다. 신중해야 한다.

유사한 사례가 있다. 택시업종의 경우이다. 최저시급의 인상에 따라 1일 합의근로시간수를 8시간에서 7시간으로 낮춰서 기본급을 정한 바가 있다. 택시업계의 임금 구조는 소위 음성 수입이라 해서 근로자가 1일 소정의 사납금社納金을 납입하고 남은 금액은 자신의 소득으로 가져가는 구조라서 기본급 인하(삭감)에 대해서 절대 불가를 견지하는 다른 업종 근로자와는 다른 입장을 취하였다. 그래서 가능한 이야기이다.

노사는 이후에도 최저시급의 인상이 있었을 때 합의근로시간을 내렸고, 1일 4시간까지 내려갔었다. 더 이상 내려갈 수 없는 것은 최단 시간 근로자 조건인 주 15시간 미만이 되면 근로기준법의 적용이 문제가 되기 때문이다.

공동주택 경비원은 이른바 감시단속적監視斷續的 근로자에 속한다. 전형이다. 경비업무를 전속적으로 수행하는데, 부수적인 업무라고 해서 쓰레기분리, 청소, 일부 택배, 아침 출근시간 교통정리 업무까지 수행하기도 한다. 법적으로는 문제의 소지가 있다.

2021년 10월부터 경비원의 업무 범위가 확대되는 법령이 시행된다. 그러면 두 가지의 문제가 발생한다.

첫째는 감시단속적 업무직종에서 해제되어야 하는 것이 아닌가 하는 문제이고, 두 번째는 근로시간의 재 산정에 따른 임금의 상승(30%까지 상승할 것이라는 계산도 나온다)을 우려한 사용자(위탁관리 체제에서도 실질적인 사용자인 공동주택 입주자대표회의入住者代表會議)가 예산의 부족, 주민의 관리비 부담에 따른 항의를 이유로 경비원 인력 감축을 주장할 경우 고용안정 대책이 있는가이다.

두 번째의 고민은 최저임금의 상승 때마다 발생한 것이며 일부 경비직 근로자는 국회 앞에서 최저임금 상승이 경비원 일자리를 빼앗는 악법이라고 항의한 적도 있다. 휴게시간을 어떻게 부여하는가 하는 것이 감시 단속적 근로자의 시간 관리의 핵심이다.

오늘도 울산노동인권센터에는 휴게시간을 특정하지 않았으니 근로시간을 재산정하고 지난 3년간의 임금을 다시 계산해서 임금체불을 해소하라고 주장하는 근로자가 방문하였다.

근로자와 사용자의 경계선

"노사협의회에서 어느 쪽입니까? 노동조합에 가입할 수 있습니까?"

노동법의 문을 들어서면 제일 먼저 이 문장과 마주한다. 근로자는 노동법의 보호 대상자이고 사용자는 노동법 규율 준수 의무자이며 근로자, 사용자는 근로계약 관계의 당사자이다. 그러니 근로자인지 사용자인지 신분을 알아야 하는 것은 너무나 분명한 사실이다. 사용 종속 관계에서 업무를 지시하는 지위에 있는 자가 사용자이고, 그 지시를 받아야 하는 지위에 있는 자가 근로자다. 뭐 어려운 것도 없다.

어떤 회사에 취업했다고 해보자.

회사에는 총무부서가 있고 그 부서에는 채용, 급여를 담당하는 인사 담당자가 있고, 문 앞에 사무실이라는 표시가 부착되어 있다. 그 옆 사무실은 임원실이고, 사장이 근무하는 곳이다. 그리고 생산현장에는 현장사무실과 휴게실, 식당이 보인다. 사장과 인사부서 3명이 있고, 현장에는 세 명의 팀장 아래에 각 10명씩 30명이 근무하고 있다. 그 옆 식당에는 외주업체 영양사 1명, 조리원 2명이 근무하고 있으며, 정문 경비원도 경비업체 소속이라고 한다.

언뜻 보아도 이 회사는 상시 10인 이상인 사업장이고, 40명에 육박하는 인원이다. 근로자 30명 이상인 사업장은 노사협의회^{勞使協議會}를 구성하고 1년에 4차례 이상 회의를 개최해 가면서 근로자 참여를 보장하고 노사가 협력해야 하는 규모이다. 여기서 근로자 위원의 선출은 근로자 중에서 투표 또는 집단적인 의사결정으로 선출하고, 사용자 위원은 사용자가 지정하는 자가 되는데, 근로자 위원 선출권을 갖는 근로자는 어느 직급까지인지를 분명히 해야 하고, 사용자와 근로자의 경계가 있어야 한다.

노동조합을 결성함에서도 같다. 노동조합 가입 자격^{加入 資格} 여부이다. 근로자가 자주적, 민주적으로 단결하고자 노동조합을 결성하는데, 사용자가 참여할 수는 없는 일이다. 그렇게 되면 노동조합의 자주성이 없어지고 민주적인 절차를 생명으로 하는 노동조합의 회의에서 의사결정이 사용자에 의해 좌지우지될 수 있기 때문이다. 법적으로 이를 막고 있으며 그런 일이 발생하면 노동조합은 노동조합설립증을 반려해야 하는 문제가 발생한다. 노동조합으로 인정받지 못하게 된다.

이 회사에서는 누가 사용자인가? 그래서 누구누구는 노동조합에 가입할 수 없는가? 사용자使用者의 영역에 속하는 대표적인 직군은 비서, 임원 차량 운전사, 인사 노무 담당부서 직원 등이다. 만약 이들이 노동조합을 결성하고 가입한다면 노동삼권을 행사하면서 사측을 압박할 경우, 사측은 꼼짝없이 항복할 수밖에 없을 것이라는 논리이다. 이는 노동삼권의 목적과 배치된다는 논리이다.

재벌만큼은 아니지만 상당한 재력이 있는 근로자, 사업체의 주식을 상당히 보유한 근로자, 사업장과 관련된 사업(장)의 임원인 근로자의 경우 법적으로는 당해 사업(장) 근로계약상의 근로자임이 분명하며 근로자성의 시비를 다툴 수 없다. 근로자, 조합원 자격을 문제 삼으려면 근로계약, 취업규칙, 단체협약에서 다룰 일이다. 현실이다.

A 사업장의 사용자-근로자 구분

사용자	근로자
(근로기준법 제2조) 사업주 또는 사업경영 담당자, 그 밖에 근로자에 관한 사항에 대하여 사업주를 위하여 행위하는 자	(근로기준법 제2조) 직업의 종류와 관계없이 임금을 목적으로 사업이나 사업장에 근로를 제공하는 자 "임금"이란 사용자가 근로의 대가로 근로자에게 임금, 봉급, 그 밖에 어떠한 명칭으로든지 지급하는 일체의 금품을 말한다.
(대법원 판례) '사업주를 위하여 행위하는 자'를 "근로자의 인사, 급여, 후생, 노무관리 등 근로 조건의 결정 또는 업무상의 명령이나 지휘·감독을 하는 등의 사항에 대하여 사업주로부터 일정한 권한과 책임을 부여받은 자"	
* 나에게 업무상 명령과 지휘감독권을 행사하는 사람 * 임금, 승진, 전보, 복리후생, 근로시간 등 근로 조건에 대한 결정권이 있는 사람	

사장 관리이사	생산직 전체 사장 차량기사 관리부장 인사 노무 하급직 사원3) 4)
합계 2명	합계 38명

사용자인가 아니면 근로자인가는 근로기준법의 차원 그리고 근로자 참여 및 협력증진에 관한 법률에서 정한 노사협의회 차원 그리고 노동조합 및 노동관계조정법에서 정한 교섭-협약-쟁의-쟁의행위 차원에서 접근이 다르다. 사용자의 대표를 제외한 임원의 경우에도 근로자성 여부가 문제가 되는 경우가 있지만 주로 쟁점이 되는 지점은 '사용자의 이익을 항상 대표하는 자'의 해석이다. 명분상으로야 근로자의 개념이 노동법 영역에 따라 달라질 수 없다. 근로기준법, 근참법, 노동조합법의 근로자 개념이 달라진다는 것이 말이 되지 않는다. 현실 실무 차원에서의 고민이다.

본 사안의 경우 관리부장, 총무 회계 담당자의 경우이다.

1) 관리부장과 경리는 근로기준법상 종속성을 가진다면 명칭에 무관하게 임금을 목적으로 근로를 제공하는 자의 의미인 근로자이다. 상시근로자를 판단하는 데에는 포함되며, 사업장의 4대 보험 가입 대상자이기에 그렇다고 볼 수 있다.

2) 관리부장과 경리가 노사협의회의 근로자위원 선거권과 피선거권을 가지지 못한다는 해석이 있다. 근로자 참여 및 협력 증진에 관한 법률(약칭 근참법)상 근로자란 근로기준법 제2조의 규정에 의한 근로자 중에서 근로기준법 제2조의 규정에 의한 사용자(사업주 또는 사업경영담당자 기타 근로자에 관한 사항에 대하여 사업주를 위하여 행위를 하는 자)를 제외한 근로자를 의미하므로, 근로기준법 제2조의 규정에 의한 사용자는 근로자위원의 선거권 및 피선거권이 제한된다는 뜻이다. 따라서 해당 부장 또는 과장에게 노사협의회 근로자위원으로서 피선거권이 인정되는지 여부는 부장 또는 과장이라는 형식적인 직명에 따를 것이 아니라 구체적인 직무에 의하여 판단하여야 한다. 즉 여타 근로자에 대하여 지휘감독권(업무 지시권), 징계·인사권, 복무·근태관리 등 업무성격과 근로실태 등을 토대로 근로기준법 제2조 규정에 의한 사용자에 해당하는지 여부에 따라 판단하여야 한다. 또한 선거권과 피선거권을 구별해야 한다는 의견도 있다.

3) 관리부장과 경리가 노동조합 가입이 가능한지 여부는 노동조합이 기업 단위인지 아니면 초기업 단위인지에 따라 다르다는 의견이 있다. 원칙상 직책 기준이 아니라 실질적으로 어떤 업무를 수행하는지, 사업주와의 관계에서 어떤 역할을 부여받았는지에 따라 판단해야 하는 문제로 다시 귀착한다. 조합원 가입 범위에 관하여 노사는 통상 단체협약에 규정함으로써 안정성을 담보하고 있다. 실질적으로 사용자인 근로자가 노동조합 가입 대상이어서는 아니 된다는 논리의 근거에는 무기평등원칙이 자리잡고 있다. 사용자의 정보 인사권 등 권한에 핵심적인 지위에 있는 자가 노동권을 행사할 경우 노사 균형이 무너지게 되고 이것은 노동법의 정신과 맞지 않다는 정신이 자리한다는 의미이다.

---

3) 회시번호 : 노사협력정책과-1206 회시일자 : 2011-06-15, 인사·급여·후생·노무·감사업무를 담당하는 3~4급 직원은 비록 인사·급여·노무관리 등 근로 조건의 결정과 관련된 업무를 담당하고 있으나, 독자적인 권한이나 책임이 있다고 보기 어려워 사용자로 보기는 곤란한 것으로 판단됨.

4) 대법원 2011.9.8, 선고, 2008두13873, 판결 '…과장급 이상의 직원들은 소속 직원의 업무분장·근태관리 등에 관하여 전결권을 부여받은 자들로서 '근로자에 관한 사항에 대하여 사업주를 위하여 행동하는 자'에 해당하지만, 주임급 이하의 직원들은 인사, 노무, 예산, 경리 등 업무를 담당한다거나 총장 비서 또는 전속 운전기사, 수위 등으로 근무한다고 하여 곧바로 '항상 사용자의 이익을 대표하여 행동하는 자'에 해당한다고 할 수 없으므로…'

근로자의 뜻을 알면 노동법을 마스터한 것

내가 노동법을 처음으로 접한 시점은 대학교 3학년 전공선택 과목으로 사회법 1, 사회법 2를 수강할 때로, 당시에는 노동법이 아니고 사회법社會法이었다. 사회법 1은 근로기준법, 산업안전보건법, 사회보험법 등 개별관계 노동법이었고, 사회법 2는 노동조합법, 노동쟁의조정법, 노동위원회법 등 이른바 집단적 노동관계법을 의미하였다.

근로계약을 하고 회사에 취직해서 일하고 월급을 받아본 적이 없는 나로서는 그 의미를 알아차릴 수도, 깊이를 헤아릴 수도 없었다. 그저 수업에 출석하고 시험을 치고 리포트를 내니 소정의 학점을 받을 수 있었을 뿐이다.

당시에도 그랬던 것으로 기억하는데, 노동법이 생긴 때부터 하는 말이 있다. 근로자의 개념으로부터 시작하는 노동법은 근로자의 뜻이 제일 쉽고 동시에 제일 어렵다는 말씀을 교수님에게서 들었다. 당시에는 그 말씀이 어떠한 의미인지, 어디에서 연유하는 것인지를 알 수 없었다. 건설 현장에서 임금을 받으며 일하다 다치는 일도 있고, 쉬는 날에 임금이 나오는지 궁금했던 일도 있었고, 근로시간을 몇 시간으로 산정해서 급여를 지급하는지 궁금해 했던 적도 있었지만 근로자가 분명한 처지에서도 근로자의 개념이나 근로자의 범위 따위가 궁금하지는 않았다.

노동법에는 노동의 대가로 임금을 받는 자로서의 근로자에 대한 명칭이 곳곳에서, 다양하게 사용되고 있다. 근로자와 근로자의 개념 구별을 문의하는 질문을 받지 않은 관계자는 아마 없을 것 같다. 파고 들어가면 들어갈수록 근로자의 개념은 참으로 어려워졌고, 지금도 진행 중이다. 근로기준법은 출발 개념으로써 근로자의 뜻을 규정하고 있고, 규정의 곳곳에 이 뜻을 의미하는 근로자를 명문화하고 있다. 상시근로자 수 10인 이상인 사업(또는 사업장)에 반드시 작성, 비치, 주지할 의무가 있는 취업규칙에도 그렇고, 상시근로자 30인 이상인 사업(또는 사업장)에 반드시 설치해야 하는 노사협의회에도 동일한 용어를 사용하고 있고, 집단적 노동관계법의 대표 법률인 노동조합 및 노동관계조정법에도 동일한 언어를 사용하고 있다.

근로자성 인정 여부 (법인택시 운전자 / 개인택시 운전자) 비교

	판단 요소	법인택시 기사	개인택시 기사
1	업무의 내용이 사용자에 의하여 정하여지고		
2	취업규칙 또는 복무규정·인사규정 등의 적용을 받으며,		
3	업무 수행 과정에 있어서도 사용자로부터 구체적이고 개별적인 지휘·감독을 받는지		
4	사용자에 의하여 근무시간과 근무장소가 지정되고 이에 구속을 받는지		
5	근로자 스스로가 제3자를 고용하여 업무를 대행케 하는 등 업무의 대체성 유무		
6	비품·원자재·작업 도구 등의 소유관계		
7	보수가 근로의 대상(대가)적 성격을 갖고 있는지		

8	기본급이나 고정급이 정하여져 있는지		
9	근로소득세의 원천징수 여부 등 보수에 관한 사항		
10	근로 제공 관계의 계속성과 사용자에의 전속성의 유무와 정도		
11	사회보장제도에 관한 법령 등 다른 법령에 의하여 근로자로서의 지위를 인정받는지		
기타	양 당사자의 경제·사회적 조건 등		

법인택시 기사와 개인택시 기사를 비교해보면 법인택시 기사는 근로자임이 분명하고 개인택시 기사는 자영업자로 볼 수밖에 없다는 것이 현행 법제도로 보인다. 현행 법리적으로 개인택시 기사가 근로기준법상의 근로자가 아니라 자영업자라 하더라도 근로자라는 개념의 차원에서는 달리 접근할 여지가 있다. 많은 개인택시 기사가 노동조합에 가입해서 조합원으로 활동하고 있다. 이러한 경우는 논란이 적지만 다음의 경우는 그리 단순하지 않다.

1. 공무원 : 근로자임은 분명하다. 헌법에서도 공무원은 근로자라고 하고 있다. 다만 업무 신분의 특성상 현행 법제에서는 노동삼권 중에서 단체행동권을 행사할 수 없도록 제한하고 있다. 공무원인 근로자는 근로기준법이 아니라 공무원법이 적용된다. 공무원에게는 노동3권이 아니라 노동2권이 부여된다. 쟁의행위가 제한되고 있다. 물론 기능직 현업종사 공무원의 경우는 달리 적용된다.

2-1. 특수 고용 형태 종사자 : 위의 표에서 제시한 12개의 판단 기준으로 볼 때 특수 고용 형태 종사자의 경우는 개별 사안에 따라 다양하다. 골프장 보조원(캐디), 학습지 교사, 대리운전 기사, 지입차주, 건설기계 근로자, 보험설계사의 경우가 대표적인 예이다. 개별 사안에 따라 근로자로 볼 여지가 많은 경우가 있는 반면에 다르게 해석되는 경우도 있다.

2021년 7월 1일부터 12개 업종 특수 고용 형태 종사자에게 산재고용보험 가입을 허용하여 노동법의 영역으로 편입시켰다. 가히 혁명적인 변화이다.

2-2. 프리랜서 : 혼자 독자적인 사업을 운영하는 사업자가 늘고 있다. 근로계약 관계가 아니라 위탁, 도급 계약 관계 형식으로 관계를 맺고 업무의 결과를 조건으로 대가를 수수하는 경우가 있다.

이런 경우 고전적인 근로기준법의 근로자성 인정기준으로는 근로자로 인정받을 수 없지만 사실상 종속적인 지위에 있는 경우에는 근로자성을 인정해야 한다는 주장이 있다. 사안별로 구체적이고 종합적인 검토가 필요하다.

고용 산재보험이 가능한 특수고용 근로자

2021. 7. 1부터 시행

해당 업종		
렌탈제품 방문 점검원	택배기사	대출 모집인
보험설계사	신용카드 회원 모집인	빙문판매원
방과 후 학교 교사	가전제품 배송설치기사	건설기계 조종사
화물차주	교육 교구 방문 강사	학습지 방문 강사
※ 퀵서비스 기사, 대리운전 기사 (2022년 1월부터)		

3. 사업소세 3.3% 공제자 : 근로자임이 분명함에도 사업주가 사업자 소득세 3.3%를 떼면서 근로자성을 배제하는 경우가 늘고 있다. 사실상 탈법이다. 만약 근로자로서 온전하게 근로기준법을 적용받았더라면 받을 수 있는 주휴, 연차, 퇴직금이 박탈되는데, 엄청난 법적 시비가 발생할 수 있다. 연간 약 100일의 급여가 달린 중대한 사안이다.

울산노동인권센터에 한 분이 방문하셨다. 학원 강사로서 2019년 7월부터 지금까지 근무하고 있으며, 오후 1시 30분부터 20시 30분까지 학원에서 근무한다. 수업시간에는 교실에서 그 외 시간에는 교무실에 있으며, 휴게시간이라고 할 시간이 30분 주어진다. 1주 5일 단위로, 2주마다 토요일에도 출근해서 4시간을 일한다. 학원에는 원장과 그리고 동료 강사 7명이 있으며 급여는 매월 말이며 급여에서 3.3% 사업소세를 공제한 금액을 받는다. 4대 보험에 가입해 있지도 않다.

3.3% 공제는 누구의 뜻인가? 아무리 보아도 사업주의 뜻이다.

왜 그렇게 할까? 아무리 생각해보아도 노동법을 적용받기 싫어서이다. 그러면 합법적일까? 그렇지 아니 하는 경우에는 법적 시비가 커진다.

근속 중일 때에는 이해관계자의 이의제기가 없으므로 문제가 없는 것으로 보일지 몰라도 근로자가 퇴사를 하게 되면 사용자와의 인간적인 관계가 멀어지고 불법적 요소에 대해 이의제기를 못할 않을 이유가 없어진다. 특근수당, 주휴수당, 연차수당, 퇴직금이 줄줄이 따라온다. 이를 순순히 포기할 사람은 아마도 없을 것 같다. 실제로 지방 노동부는 이런 진정 사건으로 잠시도 조용할 날이 없다. 울산노동인권센터 역시도 조용할 날이 거의 없다.

사용자가 노동법을 회피하려 하거나 비난에만 열중한다면 노동법의 노예가 되고, 노동법에 당하게 된다. 사용자는 근로자보다 더욱더 노동법을 잘 알아야 한다.

최저시급, 주휴 제도로까지 확대된 전선

매년 3월은 최저임금 심의를 시작한다. 90일간의 심의기간이 부여되고 고용노동부장관에게 심의 결과가 전달되면 장관은 8월 5일까지 다음 연도의 최저시급을 고시한다.

2016년부터는 최저시급 고시 내용에 월月 환산 임금이 포함되어 고시되었다. 최저임금, 정확하게 말하면 최저시급이다. 그런데 월급으로 환산한 금액까지 고용노동부 장관이 친절하게 고시를 해 주니 최저임금이라고 해도 무방할 듯하다.

최저임금 심의위원회에서 심의한 결과를 고용노동부장관이 달리 결정한 예가 없으니 최저임금 심의위원회의 심의 결과 발표로 사실상 다음 연도 최저시급은 결정된 것이나 진배없다. 적어도 2010년 이후 약 10년 동안 최저시급 1만 원 쟁취 구호가 노동계에서 나왔다. 1987년도 헌법에 근거, 1988년부터 시작된 최저임금의 결정 과정은 그 파급력이 대단히 크고, 적용을 받는 근로자의 숫자도 어마어마해서 최저임금이 사실상 기준임금인 근로자가 상당하다.

최저임금 심의위원회에서 공익위원, 사용자위원, 근로자위원 각 9인 동수로 구성하면 통상 4월 중에 제1차 전원회의를 개시한다. 최저임금 심의위원회는 대한민국에서 가장 부촌이라고 하는 서울 강남구에 있었다. 지금은 세종특별자치시에 있다. 근로자를 대표해서 참석한 근로자위원의 제안은 늘 사용자와 공익위원으로부터 무리한 요구라고 받아들여지고 사용자위원의 반박에 근로자위원은 자신들의 논리로 대항한다.

참가 단위가 전체 근로자 및 사용자를 대표할 수 있는가? 자격에 대한 시비는 끊이지 않았으나 참석한 위원은 가누기 힘든 무거운 책임감으로 힘겹게 회의를 이어간다. 심의기간이 90일, 8월 5일이 고용노동부장관 고시 시한이라서 심의위원회는 6월 말이되면 매우 다급해진다.

공익위원이 입을 열고 말 그대로 균형을 잡아야 할 시점이 빠르게 다가오고 마침내 근로자 측과 사용자 측의 최종 제시안이 기자회견장에서 나온다. 2021년 6월 말에도 조금도 변함없이 반복되었다.

최저시급 1만 원은 그저 헛구호에 그치지 않는 듯했다. 2017년, 2018년 두 해에 걸쳐 최저임금 심의위원회는 28%를 넘는 인상을 결정했고, 고용노동부장관은 그대로 고시하였다. 2017년 6,470원에서 2년에 걸쳐 인상해서 2019년 8,350원이 되었으니 6,470원 기준으로 28.9% 인상이다. 그런데 그 다음해부터는 2.87%, 1.5% 인상을 결정하였다.

2년의 급등과 연이은 2년의 급락은 놀라운 일이다. 왜 이런 현상이 일어난 것일까? 최저시급 1만 원이라는 노동계의 요구가 대통령 공약에 반영되었고, 2022년까지는 실천하겠다는 약속이 있었다. 물론 실천으로 이어질 것인지에 대해서는 반신반의하였다.

하지만 급격한 상승에 따른 소상공인 중심의 반발이 폭발하였다. 급기야 OECD가입 회원국으로서 다른 가입국과의 비교를 근거로 근로기준법 제정 이후 언급이 되지 않았던 유급 주휴를 폐지하여야 한다는 주장으로까지 논점이 번졌다.

최근 7년간 연도별 최저임금 현황 (단위:원, %)

적용년도	시간급	일급 (8시간 기준)	월급 (209시간 기준)	인상률 (인상액 원)	심의 의결일	결정 고시일
22.1.1~22.12.31	9,160	73,280	1,914,440	5.1%(440)	21.7.13	21.8.5
21.1.1~21.12.31	8,720	69,760	1,822,480	1.5(130)	20.7.14	20.8.5
20.1.1~20.12.31	8,590	68,720	1,795,310	2.87(240)	19.7.12	19.8.5
19.1.1~19.12.31	8,350	66,800	1,745,150	10.9(820)	18.7.14	18.8.3
18.1.1~18.12.31	7,530	60,240	1,573,770	16.4(1,060)	17.7.15	17.8.4
'17.1.1~'17.12.31	6,470	51,760	1,352,230	7.3(440)	16.7.16	16.8.5
'16.1.1 ~'16.12.31	6,030	48,240	1,260,270[5]	8.1(450)	15.7.9	15.8.5

---

5) 2015년 결정(2016년도 적용) 최저임금부터 월 환산 임금이 고시에 명시되었다. 물론 1일 8시간, 1주 40시간을 기준으로 한 월 환산 임금이다. 이것이 후에 주휴수당 지급기준 논란으로 번졌다.

최저임금법

■ 제8조(최저임금의 결정)
① 고용노동부장관은 매년 8월 5일까지 최저임금을 결정하여야 한다.
   이 경우 고용노동부장관은 대통령령으로 정하는 바에 따라 제12조
   에 따른 최저임금 위원회(이하 "위원회"라 한다)에 심의를 요청하
   고, 위원회가 심의하여 의결한 최저임금안에 따라 최저임금을 결정
   하여야 한다.

■ 제10조(최저임금의 고시와 효력 발생)
① 고용노동부장관은 최저임금을 결정한 때에는 지체 없이 그 내용을
   고시하여야 한다.
② 제1항에 따라 고시된 최저임금은 다음 연도 1월 1일부터 효력이 발
   생한다. 다만, 고용노동부장관은 사업의 종류별로 임금교섭시기
   등을 고려하여 필요하다고 인정하면 효력 발생 시기를 따로 정할
   수 있다.

선원법

■ 제59조(최저임금)
해양수산부장관은 필요하다고 인정하면 선원의 임금 최저액을 정할
수 있다. 이 경우 해양수산부장관은 해양수산부령으로 정하는 자문을
하여야 한다.

　　최저임금제도 자체를 반대하는 강력한 세력이 있다. 그리고 논
리적인 근거를 제시한다. 국가가 시장의 임금, 최저시급을 결정

해서 최저시급 이상의 시간급 모든 근로자에게 지급할 것을 강제하는 제도 자체가 자유시장적 기본질서에 반한다는 주장에서 출발한다.

최저시급은 국적國籍을 불문한다. 대한민국 헌법은 평등원칙을 천명하면서 성별, 인종 그리고 사회적 신분을 이유로 차별하지 못한다고 하였다. 헌법에 근거한 근로기준법은 하나를 더 추가한다. 바로 국적에 따른 차별도 금지한다고 천명하고 있다.

최저임금제도에 대한 비판은 한층 강화된다. 즉 제도 자체를 부정하지는 않지만 자유시장경제 질서의 혼란을 정부가 스스로 조장한다는 것이다. 2017년 2018년 두 해 연속, 누적 28.9% 시급 인상은 한계 시장을 흔들었으며, 한계 시장에 종사하는 사업주들로 하여금 오히려 인력 감축을 하도록 하여 고용의 불안정, 인원 감축을 조장하였다고 비판한다. 결국, 근로자의 고용 안정까지 정부가 나서서 해쳤다는 주장이다.

최저임금 고시에 월 환산 금액을 함께 고시하는 것이 타당한가?

최저임금 고시는 시급을 월 환산하여 월 급여액을 같이 고시한다. 2016년부터 시작된 일이다. 월급을 명시하는 데에는 월 소정 근로시간수에 대한 논란을 사전에 불식하려는 의도가 있다. 1일

8시간, 1주 40시간을 법정근로시간으로 전제할 때 월 소정근로시간수가 209시간임을 명시하였고, 그렇게 되면 최저시급이 주휴수당에도 같이 적용된다는 것을 분명히 한 것이다.

이에 대한 소송이 제기되었으나 헌법재판소는 기각 결정을 하였다. 즉 최저시급은 주휴수당 계산에도 같이 적용된다.

고용노동부장관의 고시를 대상으로 제기한 소송이 행정소송에서 각하却下된 바 있다. 고시가 행정소송의 대상이 되느냐는 법리적인 논란도 있지만, 실질적으로는 최저시급이 주휴수당의 계산 기준이 되는지, 월 환산 최저임금의 고시가 적절한가였다. 각하는 소송 요건을 갖추지 못하였다는 말이지만 주장을 기각棄却한다는 의미로 해석하였다.

이는 당연한 논리적 귀결로 보이는데, 왜냐하면 근로기준법에 주휴를 유급으로 명시하고 있으므로 최저임금 심의위원회나 고용노동부장관이 이를 어길 수는 없는 것이다.

주휴가 유급인 이상 1주 15시간 이상 근로계약을 체결한 근로자에게 1주 개근을 하면 1일(예를 들어 8시간)분을 주휴수당으로 추가 지급해야 한다. 즉 1주 40시간 개근하면 48시간의 임금을 지급해야 한다. 따라서 소상공인협회의 주장은 현행법상 타당하지 않다는 것이다.

소상공인협회의 최저임금 제도에 대한 전면 공격은 패소로 일

단락이 되었지만, 그 후폭풍은 사라지지 않았다. 국회에서는 근로기준법 개정안이 발의되었다. 다름 아닌 주휴일을 무급無給으로 하는 내용의 개정안이다. 물론 개정안 문구를 살펴보면 당사자의 동의를 했을 때 무급으로 한다고 하였다. 그러나 근로계약 체결 시 근로계약 당사자가 주휴를 무급으로 하는 데 동의하면 무급화한다고 제도화해 놓으면 노동조합이 없는 사업장, 노동조합 조합원이 아닌 근로자가 유급 주장을 포기하지 않을 수 있을까?

현직 근로감독관 모 씨는 "양심의 소리이다. 책임을 지겠다. 주휴일은 무급화해야 한다"고 주장했다.

근로감독 일선에 있는 현직 근로감독관 중 한 명이 양심의 소리라고 하면서 책임을 지겠다며 주휴일은 무급화해야 한다고 주장한 것이다.

근로기준법이 제정된 이후 수많은 개정의 과정이 있었지만, 주휴를 무급화 하자는 제안으로 시작된 논란은 앞으로 언제든 불거질 조짐이 있다. 최저시급 1만 원과 주휴 무급화를 맞바꾸자고 하면 어떤 반응이 나올까? 짐작하건대 사용자는 찬성할 것이고, 근로자는 반대할 것이다.

2020년도의 2021년도 최저시급 인상률은 역대 최저인 1.5%로 결정, 적용되었다. 전 세계적인 코로나 위기를 극복하지 못한 2021년, 다음해인 2022년 최저시급을 얼마로 결정할 것인지 충분히 가늠할 수 있다. 예상대로 5% 인상 수준이었다.

최저시급은 국회가 결정하라

기본적으로 최저시급 결정 구조에는 문제가 있다. 지금의 구조는 헌법정신에 기초, 법률(최저임금법)에 따른 과정을 밟고 있지만 개선해야 할 사항이 있다.

늘 그리고 관련 당사자 누구나 지금의 결정 구조에 대해 지적을 하고는 있다. 단언컨대 최저임금은 최저임금 심의위원회에서 결정할 사안이 아니다. 바로 국회國會가 결정할 사안이다. 한 단계가 더 필요하다면 정부가 최저임금 정부입법(안)을 만들고, 이를 국회에 제안하고, 국회 상임위원회에서 심도 있는 토론을 통해 결정한 후 최종적으로 국회 본회의에서 의결할 사안이다.

지금의 구조는 최저임금 심의위원회의 1/3인 공익위원이 결정권을 행사하는 구조이다. 근로자위원과 사용자위원은 명분을 주장하고, 3개월에 걸쳐 싸움을 하고, 시한이 임박하면 근로자위원은 집단 퇴장을 하는 모습이 반복된다. 그리고 공익위원 중심으로 표결을 통해 결정하는 일이 반복된다. 이런 모습을 바라보는 국민으로서는 인내의 한계를 느끼게 된다. 안타깝다. 더는 지켜볼 수 없다. 제도가 나쁘면 많은 이해관계자가 고스란히 고충을

떠안게 된다. 2021년 7월, 최저임금 심의위원회는 2022년도 최저
임금을 결정하는 마지막 장면에서 공익위원 제시안을 찬반투표
에 부쳐 통과시켰다.

국적 관련, 헌법과 근로기준법 및 기타 규정

근거	내용
헌법	제11조 ① 모든 국민은 법 앞에 평등하다. 누구든지 성별·종교 또는 사회적 신분에 의하여 정치적·경제적·사회적·문화적 생활의 모든 영역에 있어서 차별을 받지 아니한다.
근로기준법	제6조(균등한 처우) 사용자는 근로자에 대하여 남녀의 성(性)을 이유로 차별적 대우를 하지 못하고, 국적·신앙 또는 사회적 신분을 이유로 근로 조건에 대한 차별적 처우를 하지 못한다.

국가 규약(헌법)에는 국적 규정이 없다. 근로기준법에는 국적을
이유로 차별을 하지 못한다고 하고 있다. 근로기준을 국민 차원
이 아니라 인간 차원으로 보고 있다. 최저임금법은 정한 바가 없
다. 논란을 일으켰다가 금세 중단하는 문제, 왜 외국인에게도 같
이 최저임금을 적용합니까?

우리나라는 외국인에게도 똑같이 적용한다.

주휴를 유급으로 하는지 여부, 최저임금의 적용에서 국내 외국
인 근로자에게 동일하게 적용할 것을 규정하고 있는지 여부에 대
해 국민신문고國民申聞鼓에 질의(2021.7.15.)를 하였는데, 질문 내용
은 다음과 같다.

첫 번째 질문입니다.

최저임금 심의위원회의 2022년 최저시급(및 월 환산액) 의결 관련, 평소에 궁금하게 느꼈고 또 질문을 많이 받는 사항으로서 국적에 따른 차등 금지에 대한 나라별 적용 상황입니다. 최저임금의 적용과 관련해서 대한민국 헌법은 평등원칙의 기준으로 "성별, 종교 또는 사회적 신분"을, 근로기준법은 여기에다 "국적"에 따른 차별까지 금지하고 있습니다. 최저임금법은 규정하지 않고 있어서 근로기준법의 평등원칙을 적용하고 있다고 봅니다. 다른 나라의 경우에는 다양하겠는데, 우리나라가 가입한 선진국 그룹인 OECD 국가 중에서 국적에 따른 차별을 금지하고 있는 나라와 그렇지 않은 나라의 구별 상황은 어떠한지요?

두 번째 질문입니다. 근로기준법에는 유급 주휴제도가 명시되어 있습니다. 1주일에 만근을 할 경우, 주 1일 이상의 유급 주휴를 부여하는 제도입니다. 우리나라가 가입한 선진국 그룹인 OECD 국가 중에서 유급 주휴제도를 채택하고 있는 국가는 어떤 나라가 있는지요?

위와 같이 국민신문고에 질의하면서 본 질의에 답을 하기 위한 자료수집에 대단히 어려운 점이 있을 것이며, 시간이 상당히 소요될 것으로 예상하였다. 그렇다. 지금까지 답이 도착하지 않았다.

다음 주면 9월이 시작된다. 담당 공무원의 스트레스가 크리라 생각한다.

월 상여금(복리후생비)의 최저임금, 통상임금 포함 논란

사용자는 항변하고 있었다. 강력하다.

2021년도 최저임금이 1,822,480원/월이라는 것을 알고 있고, 사업장 직원에게 월급으로 1,822,480원 이상을 지급한다고 한다. 그런데 최저임금 위반이라는 얘기가 나오고 있어서 이해할 수 없다고 한다.

기본급 월 140만 원, 직무수당, 직책수당, 자격수당, 생산장려수당을 매월 동일하게 지급하고 있으며, 근속수당을 지급하고 있고 중식대를 현금으로 매월 10만 원 지급한다. 또한 월할상여금 매달 30만 원, 식비 10만 원, 가족수당과 통근수당까지 합하면 합계 232만 원을 고정급으로 지급하는데, 최저임금 위반이 웬 말이냐는 것이다.

사용자로서는 충분히 분노할 일이다. 명세서를 보면 효도수당까지 지급하고 있음을 확인할 수 있다.

2021년 5월 임금 내역서(원)

구분	항목	금액	비고
항목	기본급	1,400,000	
	직무수당	50,000	
	직책수당	50,000	
	자격수당	50,000	
	생산장려수당	50,000	
	상여금 월할액	350,000	연간 300% (기본급)
	중식비	100,000	
	근속수당	80,000	근속년수 1년마다 5천 원씩 증가
	가족수당	40,000	2만 원 일괄지급. 가족수에 따라 1만 원씩 증가
	통근수당	50,000	버스가 다니지 않는 지역 출근자에 한함
	연장근로수당	135,000	
	휴일근로수당	125,000	
	야간근로수당	150,000	
	효도수당	100,000	직계존속 부양 시, 피부양자 1인당 5만 원

 2021년도의 최저시급은 8,720원이며 이를 기준으로 1일 8시간, 1주 40시간 기준 근로자의 월 환산임금은 182만 2,480원이다. 사업장에서 근로자에게 지급하고 있는 임금이 월 182만 2,480원만 초과하면 최저임금 기준에 부합하는 것이 아닐 수도 있다. 왜냐하면, 최저임금에는 식대나 교통비 등의 복리후생비와 상여금 등에 대해 금액 전체를 산입하고 있지 않기 때문이다.

 사업주로서는 실제로 최저임금보다 많은 액수를 지급했더라도 때에 따라 최저임금법 위반이 될 수 있다. 이에 대해 최저임금법은 달로 나누어 지급되는 상여금(월할이 아닌 경우는 논외이다.)과 복리후생비의 경우 연차별로 산입금액을 확대하고 있다.

최저임금의 산입 범위 (각 %를 초과하는 금액이 최저임금에 산입)

구분	2021년	2022년	2023년	2024년
상여금	15%	10%	5%	0
복리후생 (식대/교통비 등)	3%	2%	1%	0

위의 표에 따라, 2021년 최저임금의 산입 비율을 초과하는 금품에 대해서만 최저임금으로 인정해 준다는 것인데, 예를 들어 상여금의 경우는 2021년 최저임금 1,822,480×15% = 272,810원, 복리후생비의 경우는 2021년 최저임금 1,822,480×3% = 54,562원을 초과하는 금액이 지급된다면 그 초과분을 최저임금에 포함할 수 있다.

다시 말해 매월 상여금 30만 원과 식대 그리고 효도수당 합계 20만 원을 지급하고 있다면, 기본급과 직무수당, 직책수당, 자격수당, 생산장려수당, 근속수당 그리고 상여금 중 최저임금 산입금액 27,190원과 식대와 효도수당 중 최저임금 산입금액 145,438원을 모두 더했을 때 1,822,480원을 넘으면 최저임금을 준수한 것이 된다. (단, 기숙사비, 원룸 비용 지원 등 현물 지급이나 분기별

상여금 등은 미포함)

이에 따라 계산한 결과 1,852,628원이다. 따라서 최저임금 위반은 아니다.

같은 계산 방식으로 2022년의 최저임금 산입 규모를 알 수 있다.

2022년 최저시급(및 월 환산 최저임금)이 2021년 대비 5% 상승한 9,160원이라면 월 환산금액은 1,914,440원이고, 월할상여금이 10%인 191,444원을 초과하는 부분이 최저임금의 산입 범위에 포함되고 2%인 38,288원을 초과하는 복리후생비는 최저임금의 산입 범위에 속한다.

2021년도와 같이 매월 상여금 30만 원과 식대 그리고 효도수당 합계 20만 원을 지급한다면, 기본급과 직무수당, 직책수당, 자격수당, 생산장려수당, 근속수당 합계 1,680,000원 그리고 상여금 중 최저임금 산입금액 108,556원과 식대와 효도수당 중 최저임금 산입금액 161,172원을 합계한 금액이 1,914,440을 넘으면 최저임금법 위반이 아니다.

이 복잡한 계산은 2024년부터는 없어진다. 월할로 지급되는 상여금과 복리후생비 전체가 최저임금 산입 범위에 속하기 때문이다.

상여금, 복리후생비의 최저임금 산입 범위와
통상임금 산입 범위는 일치해야 한다

연간 상여금을 매월 상여금으로 지급하는 사용자를 제재할 방법이 있는가? 만약 연간 상여금 지급시기(월)가 단체협약에 명시되어 있다면 단체협약을 개정하지 않고 지급 시기를 변경할 수는 없다. 취업규칙에 상여금 지급 시기를 짝수 월로 정해놓았다면 사용자가 협의를 거쳐 규정을 매월로 변경할 수 있을까? 가능하다는 것이 고용노동부의 해석이다. 불이익한 변경이 아니라는 이유 때문이다.

대상이 같다. 상여금 그리고 복리후생비이다.

논점은 두 가지이다. 첫 번째는 최저임금의 범위에 산입할 수 있는가? 두 번째는 통상임금의 범위에 산입할 수 있는가?

두 쟁점은 다른 차원이지만 마땅히 같이 적용해야 한다. 상식이다.

2016년 국회는 여야를 막론하고 일치하여 법률 개정안을 발의했다. 양당의 원내대표는 노동계 출신이었다. 여당은 한국노총 사무총장 출신이고, 야당은 대우자동차 노동조합 위원장 출신이었다. 대표 발의자는 공공기관 노동조합 위원장 출신이었다. 대표 발의자를 포함한 15명의 국회의원이 개정안 발의에 이름을 올렸다.

그러면서도 의결을 하지 않았다. 제대로 된 논의도 하지 않은 듯하다. 소송 중인 사건에 국회가 개입하는 것이 법리적으로 문제가 있다는 일각의 주장은 납득할 수 없다. 상여금의 최저임금 산입 여부 논란 또한 상여금의 통상임금 여부 논란에 비하여 결코 적지 않은 논란이 진행 중이었기 때문이다.

근로기준법 개정안 발의 (18/6/29), 근로기준법 신·구조문 대비표

현행	개정안
제2조(정의) ① · ② (생략) <신 설> <신 설>	■ 제2조(정의) ①, ② (현행과 같음) ③ 「최저임금법」 제6조 제4항에 따라 최저임금에 산입되는 임금은 통상임금에 포함한다. ④ 근로자의 통상임금이 「최저임금법」 제5조에 따른 최저임금액보다 적으면 그 최저임금액을 통상임금으로 한다. 다만, 「최저임금법」 제7조에 따라 최저임금의 적용이 제외되는 경우에는 그러하지 아니하다.

이 일로 인하여 노동법 처리를 하는 국회에 대한 신뢰에 적지 않은 실망감을 느꼈다. 안타까운 기억이다.

정기상여금과 복리후생비! 동일한 대상을 두고 노와 사가 각자 주장했고 동등하게 적용하도록 제도화했어야만 했다. 적어도 정기상여금에 대해서는 그렇다.

정기상여금이 통상임금인가? 최저임금인가? 근로자는 통상임금임을 주장했고, 사용자는 최저임금임을 주장했다. 그래서 국회에서 결정을 내렸는데 반쪽만 인정하였다. 균형을 잃은 것이니 옳지 못하다.

합의근로시간수, 시급 산출을 위한 대장정!

"주週 40시간(실實 노동시간 주 52시간 상한제) 노동시간 단축으로 가산임금의 비중이 줄어들기는 하였지만, 여전히 연장근로수당, 휴일근로수당, 야간근로수당 그리고 연차수당을 계산하는 기초가 되는 통상시급을 산출하는 소정근로시간수는 중요합니다. 현재 209시간으로 나누고 있는데, 어디까지 낮출 수가 있는지 궁금합니다."

많은 질문을 받았고, 교육현장에서도 질문이 많은 내용이다.

통상시급을 높이는 것은 나의 시간급을 상승시키는 것으로써 자체적으로 임금 인상이 된다. 시간급은 월 통상임금 총액/월 소정근로시간수이다. 월 통상임금 총액을 월 소정근로시간수로 나눈다는 뜻이다.

시간급을 높이는 방법은 두 가지이다.

첫째, 분자인 통상임금 액수를 늘리는 방법이고, 두 번째는 분모인 월 소정근로시간수를 줄이는 것이다.

전자는 통상임금의 범위에 속하는 항목의 액수를 증액하고 신설하는 방법이다. 상여금의 통상임금 논쟁이 바로 이것이었다. 임금교섭을 통해 호봉 증액 기본 시급, 기본 월급을 인상하고, 수당액을 증액하고, 수당을 신설하는 노력이 그것이다.

후자는 소정근로시간수를 줄이는 것이다.

여기서 소정所定근로시간수는 두 가지 의미가 있다. 소정근로시간은 법정근로시간에 대비되는 개념이다. 1일 8시간, 1주 40시간은 법정근로시간이다. 소정근로시간은 계약 당사자 간에 합의한 근로시간이다. 법정근로시간에 대비한 "합의合意근로시간"이라 하는 것이 정확한 표현이다.

합의合意근로시간 특히, 월 합의근로시간에는 두 가지가 있는데, 시급제의 경우 월 소정근로시간은 시간급을 곱한 시간수이다. 기본 월급을 산출할 때 몇 시간을 정하느냐에 따라 월 기본급은 달라진다.

두 번째는 월급제(월 고정급여를 월 기본급으로 할 때)에서 연차수당을 지급하기 위한 통상시급을 산출해야 하는데, 월 통상임금 총액을 몇 시간으로 나누어야 하는가에서 그 시간수이다.

통상임금 논의는 노동력의 질質과 관련된다. 같은 시간이라고 해도 시급이 달라질 수 있는 문제이다. 시급제든 월급제든 연봉제든 시간급이 있어야 한다. 월급제 연봉제에서도 시간급을 도출할 수 있다. 연봉제 임금체계를 택하는 근로자에게도 연차휴가는 부여되어야 하고, 미사용 연차휴가 대체수당이 일급기준이므로 시간급은 도출되어야 한다.

시급제의 경우는 급여를 계산하면서 출발이 확정되었기 때문에 시간의 양을 곱하기만 하면 월 기본급, 주휴수당, 가산임금(연장근로수당, 휴일근로수당, 야간근로수당), 연차수당 액수가 산출될 수 있으므로 어려움은 없다. 시급-월급제, 즉 시급을 사전에 확정한 상태에서 월 합의근로시간수를 곱해서 월 기본급을 산출하는 체제에서는 근로자 입장에서 많은 시간을 곱해 주면 월 기본급 액수가 많아지므로 좋다.

월 최대 합의근로시간수는 243시간이다. 이는 연간 총 근로시간수(365×8)를 12로 나누어서 산출한다. 시급-월 기본급을 산출할 때에 최대의 시간으로 부여한 사용자에게 통상시급을 산출하는 시간(합의근로시간수)은 209시간이 상한선이라고 주장할 수 있는가?

의문을 가질 수 있지만 그렇지는 않다.

문제는 월급제와 연봉제이다. 합계금액이 먼저 있고 합계금액의 출발인 시급이 숨어 있기 때문에 역산해서 시급을 산출해야 한다. 통상시급을 산출해야 한다는 이야기이다.

① 통상시급을 산출하기 위해서는 먼저 월月 급여 총액에서 월 통상임금을 도출해야 한다.

금전으로 받는 급여에는 노동의 대가로 볼 수 없는 복리후생비가 포함된 때도 있다. 결혼수당·월동수당·김장수당 또는 체력단련비 등 임시 또는 돌발적인 사유에 따라 지급하는 임금·수당이나 지급 조건이 사전에 정해진 경우라도 그 사유의 발생일이 확정되지 않거나 불규칙한 임금·수당, 가족수당·급식수당·주택수당·통근수당 등 근로자의 생활을 보조하는 수당 또는 식사, 기숙사·주택제공, 통근차 운행 등 현물이나 이와 유사한 형태로 지급되는 급여 등 근로자의 복리후생을 위한 성질의 것이 그것이다. 이는 통상임금에서 제외해야 한다. 또한, 성과급은 통상임금으로 보기에 곤란한 측면이 있다.

반면에 정기상여금과 휴가비는 통상임금의 범위에 원칙적으로 속한다. 매월 지급되는 금액만을 전제로 통상임금 여부를 판단하던 시절이 있었지만 2013년 12월 18일 대법원 전원합의체 판결을 통해 그것이 기준이 아님을 확정지은 바 있다.

이 모든 것은 최저 기준이며 노사가 이를 뛰어넘은 합의로 근로기준법보다 유리한 조건을 결정하면 그것이 통상임금의 범위가 된다. 2013년 12월 18일 생중계로 방영된 대법원 전원합의체 판결은 통상임금 논란의 많은 부분에 대해 유권해석을 내려 판단의 지침으로 삼게 하였다.

대법원 전원합의체 판결 (2013.12.18.) 쟁점 요약

임금명목	임금의 특징	통상임금 해당 여부
기술수당	기술이나 자격보유자에게 지급되는 수당(자격수당, 면허수당 등[6])	통상임금 ○
근속수당	근속기간에 따라 지급 여부나 지급액이 달라지는 임금	통상임금 ○
가족수당	부양가족수에 따라 달라지는 가족수당	통상임금 × (근로와 무관한 조건)
	부양가족수와 관계없이 모든 근로자에게 지급되는 가족수당 분	통상임금 ○ (명목만 가족수당, 일률성 인정)
성과급	근무 실적을 평가하여 지급 여부나 지급액이 결정되는 임금	통상임금 × (조건에 좌우됨, 고정성 인정 ×)
	최소한도가 보장되는 성과급	그 최소한도만큼만 통상임금 ○ (그 만큼은 일률적, 고정적 지급)
상여금	정기적인 지급이 확정되어 있는 상여금 (정기상여금)	통상임금 ○
	기업 실적에 따라 일시적, 부정기적, 사용자 재량에 따른 상여금 (경영성과분배금, 격려금, 인센티브)	통상임금 × (사전 미확정, 고정성 인정×)
특정 시점 재직 시에만 지급되는 금품[7]	특정 시점에 재직 중인 근로자만 지급받는 금품(명절귀향비나 휴가비의 경우 그러한 경우가 많음)	통상임금 × (근로의 대가 ×, 고정성 ×)
	특정 시점이 되기 전 퇴직 시에는 근무일수에 비례하여 지급되는 금품	통상임금 ○ (근무일수 비례하여 지급되는 한도에서는 고정성 ○)

② 그러면 통상시급 산출을 위한 월 소정근로시간수를 살펴보자.

주 44시간제에서 법원과 노동부가 일치된 의견으로 월 226시간을 사용하였다. 이것이 최저 기준이라는 뜻이다. 이 계산식을 유추해서 주 40시간제에서는 209시간을 통상 사용하고 있다. 또한 학설로는 190시간도 있다. 4조 3교대제 사업장에서는 180시

---

6) 자격수당 이외 직책수당, 직무수당, 위험수당, 격지근무수당은 통상임금이라는 데 이견이 없다.
7) 상여금의 통상임금 여부에 대해 2013.12.18. 잔원합의체 판결 이후에 재직 기준에 대해서는 일치되지 않은 판결이 나오고 있음.

간을 사용하는 경우가 적지 않다. 유럽 자본이 진출한 사업장의 경우, 드물기는 하지만 174시간을 사용하는 예도 있다.

209시간은 주 44시간제를 주 40시간제로 시간 단축을 하면서 동일한 논리로 208.6666시간을 반올림한 숫자이다. 유추해석이다. 209시간이 상한선이니 시급을 높이기 위해 그 아래인 200시간, 190시간, 180시간, 174시간, 165시간으로 낮추는 노력이 보인다.

합의근로시간수를 도출하는 다양한 계산식이 아래(표)와 같이 있다.

주週 근로시간	연年간 근로시간	월月 합의근로시간
주 40시간	2,088=(40*52)+8시간	= 174시간/월[8]
주 40시간	2,504=((40+8)*52)+8시간	= 208.66시간/월[9]
주 42시간 (4조 2교대제), (4조 3교대제)	1년을 360일로 하면 51.42주가 되고 2,160=(51.42*52)/12	= 180시간/월[10]
주 40시간	2,000= 타임 오프 연간시간	= 166.66시간/월[11]
5조 3교대제 1일 8시간, 주 33.6시간	2,171=((33.6+8)*52)+8시간	= 180.93시간/월
6조 2교대제 1일 11시간, 주 25.66시간	1,345=((25.66+11)*52)+11시간	= 112.11시간/월

8) 1일 8시간, 주 40시간제에서 실제 근로시간만을 기준으로 월 소정근로시간수를 산출하는 방법. 일부 외투기업에서 이 시간수를 사용하고 있다. 2,088/12 = 174
9) 1일 8시간, 주 40시간제에서 주휴일 시간 8시간을 포함해서 월 소정근로시간수를 산출하는 방법. 사법부와 고용노동부에서 이 기준을 제시하고 있다. 2,504/12 = 208.6666
10) 4조 3교대제 사업장에서 상당히 보편적으로 사용하는 소정근로시간수 계산 방법이다, 2,160/12 = 180
11) 타임 오프(근로 면제 시간) 연간 시간 2,000/12 = 166.66

월 통상임금을 209시간으로 나누어서 통상시급을 산출하던 것을 174시간으로 나누어서 시급을 산출하고, 가산임금 등을 적용한다고 하면 시급은 일단 20% 인상된다. 여기에다 고스란히 가산임금(연장근로수당, 휴일근로수당, 야간근로수당)의 증가로 이어지고 연차수당을 증액시키고 나중에 퇴직금액도 증가시킨다.

노동시간의 단축으로 비중은 줄었지만 임금 근로자에게 여전히 소정근로시간수를 줄이는 것은 중요한 임금 전략이다. 이것은 중요한 인사노무관리 영역으로, 나는 이를 질적 임금전략質的賃金戰略[12]이라고 명명했다.

---

12) 기존의 통상임금(기본급, 통상수당, 상여금 등)을 증가시키고 새로운 통상임금 항목을 추가하는 것을 양적 임금 전략이라 한다면 통상시급을 증가시키는 것을 질적 임금전략이라고 고민 끝에 명명하였다.

1년 만근 퇴사자의 연차수당 26일 지급?

"1년 근로계약기간의 근로계약을 체결하고 특이한 사유가 없으면 갱신한다는 근로계약서를 체결하였다가 갱신을 앞두고 지난해 처음 계약할 때 제가 구두로 지급하기로 약속한 중식대(회사 사정으로 지급하지 못함) 월 10만 원을 2년차에는 반드시 지급할 것을 근로자가 요구하는 바람에 갱신하지 못하고, 만 1년만 근무한 근로자가 있었습니다. 이 근로자에게 금품 청산을 하면서 26일 치의 연차수당을 지급해야 합니까? 그리고 퇴직금을 계산할 때에는 연차수당액을 얼마나 산입하는 것이 맞습니까?"

위와 같은 맥락의 다음과 같은 질문도 자주 받는다.

"매년 위수탁계약서委受託契約書를 구청과 체결하는 업체입니다. 올해에도 다행히 연속으로 계약을 체결할 수 있었습니다. 구청은 위탁자로서 포괄적인 관리책임의 지위에 있고, 위수탁계약금액의 경우 전년에 비추어 결정되는데, 문제는 연차수당액입니다. 그동안 매년 정산을 하는 것을 전제로 연차수당액을 1인당 26일로 산정해서 위수탁금액을 산정했었는데, 구청에서 앞으로는 15일을 상한으로 하고 5일 치는 사용 촉진하는 것을 전제로 10일 치의 연차수당을 위수탁금액으로 하자고 합니다. 이렇게 되면 기존에 25일 치를 매년 정산받았던 근로자의 반발이 심할 것입니다. 이래도 문제가 없을 것인지 대단히 궁금합니다."

만 1년을 근속한 후 퇴사한 자에게 연차수당을 지급해야 하는가?

만 1년 간 계속하여 근무한 근로자가 연간 80% 출근율을 충족하면 연차휴가가 발생하고, 이를 다음 연도에 유급으로 연차휴가를 사용할 수 있다. 연차휴가를 사용하지 않은 잔여일수(미사용 연차휴가)에 대해서는 1일당 1일 통상임금을 지급하는데, 만약 퇴사한 경우는 연차휴가를 사용할 수 없으므로 곧바로 연차수당을 지급하는 것이 옳다는 의견과 아니라는 의견이 맞선 적이 있었다.

논리적으로는 발생할 수 있는 문제이다.

왜냐하면 연차수당은 미사용 연차휴가 대체수당의 줄임말이며, 최초 연도 1년간 출근율의 조건을 충족하면 연차휴가가 발생하고, 이 연차휴가를 다음해에 사용하며 미사용 연차휴가가 있을 경우 3년차 1월 급여를 지급할 때 수당으로 지급하는 시스템이 원칙이기 때문이다. 그런데 휴가를 사용할 기간이 없는 자 특히, 퇴사자의 경우에는 연차휴가 사용이라는 단계가 없으므로 아예 연차수당을 지급할 전제조건이 없다.

이는 오래된 논쟁으로 판례 또한 일치되지 않았고, 고용노동부는 2006년을 기준으로 그 이전에는 연차수당을 지급하지 않아도 된다는 입장을 견지하였다가 2006년부터는 법원의 판례와 일치된 의견으로 변경한 바 있다.

(이전) 고용노동부 의견	(변경) 고용노동부 의견 (06. 09. 21)
• 연차휴가는 근로자가 청구해서 사용자가 승인하면 휴가를 사용할 수 있고, 휴가를 사용할 수 있는 근로일수가 있음에도 불구하고 휴가사용을 하지 않은 경우에만 연차휴가미사용수당을 지급할 의무가 있다.	임금 근로시간 정책팀, 2006. 09. 21 • 연차유급휴가 미사용 수당 청구권은 근로자가 전 전년도의 근로의 대가로 발생한 연차유급휴가를 전년도에 사용하지 아니 하고 근로를 제공한 경우, 그 미사용 연차유급휴가일수에 해당하는 연차유급휴가 미사용 수당을 사용자에 대하여 청구할 수 있는 권리로서 연차유급휴가 청구권이 소멸된 시점에 발생 - 또한, 퇴직 등 근로관계가 종료되는 근로자가 이로 인해 사용하지 못하는 미사용 연차휴가일수에 해당하는 수당을 사용자에 대하여 청구할 수 있는 권리임. • 다만 사용자가 근로기준법에 따른 연차유급휴가 사용 촉진을 한 경우 연차유급휴가 미사용 수당 청구권이 소멸됨 (근로기준법 제59조의2) • 퇴직근로자의 경우 퇴직 전년도(예 : 2005년도) 출근율에 의하여 퇴직 연도(예 : 2006년)에 발생한 연차유급휴가 청구권이 근로관계가 종료됨에 따라 발생하며 - 이 경우 사용자는 퇴직 연도의 휴가사용 가능일수에 상관없이 미사용한 연차휴가일수에 대하여 퇴직일로부터 14일 이내에 취업규칙이나 그 밖의 정하는 바에 의한 통상임금 또는 평균임금을 지급하여야 함.

최근 다시 이 논쟁에 불이 붙었다. 바로 1년을 근속한 후 퇴사한 자에게 15일이 아니라 최대 26일의 연차수당을 지급하는 것

이 맞다는 고용노동부의 집행에 대해 노골적인 반발이 발생한 것이다. 국회가 2017년 11월 28일 개정한 근로기준법 제60조 제3항을 삭제한 데에서 이러한 분란은 극에 달하고 있다.

2006년부터 변경한 고용노동부의 지침에 반해서 연차수당을 지급하지 않는 사례가 2017년 11월 28일 개정 이후 전에 없이 발생하였고, 고용노동부에서 검찰에 기소 의견으로 송치하였음에도 담당 검사가 불기소처분한 일이 발생하였다. 2019년 서울북부지방검찰청에서 있었던 일이다.

고용노동부-법무부 간에 이견이 발생한 것으로, 검사의 불기소처분은 크나큰 파장을 일으켰다. 검사동일체원칙檢事同一體原則에 따라 검찰의 이 불기소처분은 사실상 고용노동부의 지침을 무력화한 것이다. 이 소식을 들은 사용자가 해당 사안에 대해 고용노동부의 의견을 듣기보다는 법무부의 의견을 따르게 될 게 분명하기 때문이다. 중소기업을 중심으로 검찰의 불기소처분에 동조하는 주장이 강하다.

고작 1년을 근무하고 떠나는 근로자에게 20년 이상 장기 근속자에 버금가는 연차수당을 줘야 하는 엉터리 법은 문제가 많다는 주장이다. 중소기업들의 고용 의지를 꺾을 뿐만 아니라 이럴 바엔 1년 미만 단기 인력을 충원하는 편법을 동원할 수밖에 없다고 주장한다.

2년차 근무자가 1년차 때 휴가를 쓰지 않고 퇴사하면 1년차(최대 11일)와 2년차(15일) 연차수당을 한꺼번에 받을 수 있다는 것이다. 아마도 이를 쉽게 인정하고 순순히 수용할 사용자는 없을 것이다.

근로기준법은 사용자 측에 2년차 이상 근로자에게 해당 연도 6월과 10월 등 1년에 두 번 연차 소진을 서면으로 안내하는 연차 사용촉진 제도를 활용할 수 있도록 하고 있다. 연차사용촉진을 하였고, 근로자가 사용을 실제로 할 수 있었음에도 사용하지 않으면 연차수당을 지급하지 않아도 된다.

다수의 사업장에서는 노사가 의무사용일수를 합의하는 때도 있다. 이런 경우 사용자 귀책사유에 해당하지 않으므로 사용자가 근로자 개인의 연차휴가 사용 권리를 침해하지 않는 것으로 보고 있다. 1년차 근로자에게는 연차사용촉진 제도가 적용되게 한 근로기준법 개정은 이런 이유에서 나온 것이다.

입법부인 국회에 과제가 부여되었다. 고용노동부와 법무부가 각각 다른 해석을 내놓음으로써 현장은 혼란에 빠졌으며 국법 질서에 혼선이 발생했다.

1년 근속 후 퇴사한 자에게는 사용 촉진의 기간 또한 존재하지 않는다. 이리저리 따져보아도 최대 26일의 연차수당을 지급하지 않을 도리가 없어 보인다. 근로기준법으로는 그렇게 해석하는 것이 타당한데, 검찰은 이에 대해 다른 처분을 함으로써 입법부를 압박한 것이다. 2017년 11월 28일 이전의 근로기준법으로 회귀

하는 것이 타당하다는 주문으로 보인다. 즉 제60조 제3항을 복원하라는 뜻이다. 문제가 된 바로 그 연차휴가제도 규정을 표로 비교해보면 그 이유를 쉽게 알 수 있다.

2017년 11월 28일 근로기준법 개정 전후 연차휴가제도

구법(2012.2.1.)	신법(2017.11.28.)
■ 제60조(연차 유급휴가) ① 사용자는 1년간 80퍼센트 이상 출근한 근로자에게 15일의 유급휴가를 주어야 한다. <개정 2012. 2. 1.>	■ 제60조(연차 유급휴가) ① 사용자는 1년간 80퍼센트 이상 출근한 근로자에게 15일의 유급휴가를 주어야 한다. <개정 2012. 2. 1.>
② 사용자는 계속하여 근로한 기간이 1년 미만인 근로자 또는 1년간 80퍼센트 미만 출근한 근로자에게 1개월 개근 시 1일의 유급휴가를 주어야 한다. <개정 2012. 2. 1.>	② 사용자는 계속하여 근로한 기간이 1년 미만인 근로자 또는 1년간 80퍼센트 미만 출근한 근로자에게 1개월 개근 시 1일의 유급휴가를 주어야 한다. <개정 2012. 2. 1.>
③ 사용자는 근로자의 최초 1년 간의 근로에 대하여 유급휴가를 주는 경우에는 제2항에 따른 휴가를 포함하여 15일로 하고, 근로자가 제2항에 따른 휴가를 이미 사용한 경우에는 그 사용한 휴가 일수를 15일에서 뺀다.	③ 삭제 <2017. 11. 28.>
④ 사용자는 3년 이상 계속하여 근로한 근로자에게는 제1항에 따른 휴가에 최초 1년을 초과하는 계속 근로 연수 매 2년에 대하여 1일을 가산한 유급휴가를 주어야 한다. 이 경우 가산휴가를 포함한 총 휴가 일수는 25일을 한도로 한다.	④ 사용자는 3년 이상 계속하여 근로한 근로자에게는 제1항에 따른 휴가에 최초 1년을 초과하는 계속 근로년수 매 2년에 대하여 1일을 가산한 유급휴가를 주어야 한다. 이 경우 가산휴가를 포함한 총 휴가 일수는 25일을 한도로 한다.
⑤ 사용자는 제1항부터 제4항까지의 규정에 따른 휴가를 근로자가 청구한 시기에 주어야 하고, 그 기간에 대하여는 취업규칙 등에서 정하는 통상임금 또는 평균임금을 지급하여야 한다. 다만, 근로자가 청구한 시기에 휴가를 주는 것이 사업 운영에 막대한 지장이 있는 경우에는 그 시기를 변경할 수 있다.	⑤ 사용자는 제1항부터 제4항까지의 규정에 따른 휴가를 근로자가 청구한 시기에 주어야 하고, 그 기간에 대하여는 취업규칙 등에서 정하는 통상임금 또는 평균임금을 지급하여야 한다. 다만, 근로자가 청구한 시기에 휴가를 주는 것이 사업 운영에 막대한 지장이 있는 경우에는 그 시기를 변경할 수 있다.
⑥ 제1항부터 제3항까지의 규정을 적용하는 경우 다음 각호의 어느 하나에 해당하는 기간은 출근한 것으로 본다. <개정 2012. 2. 1.> 1. 근로자가 업무상의 부상 또는 질병으로 휴업한 기간 2.임신 중의 여성이 제74조 제1항부터 제3항까지의 규정에 따른 휴가로 휴업한 기간	⑥ 제1항 및 제2항을 적용하는 경우 다음 각호의 어느 하나에 해당하는 기간은 출근한 것으로 본다. <개정 2012. 2. 1., 2017. 11. 28.> 1. 근로자가 업무상의 부상 또는 질병으로 휴업한 기간 2.임신 중의 여성이 제74조 제1항부터 제3항까지의 규정에 따른 휴가로 휴업한 기간 3. 「남녀고용평등과 일·가정 양립 지원에 관한 법률」 제19조 제1항에 따른 육아휴직으로 휴업한 기간

⑦ 제1항부터 제4항까지의 규정에 따른 휴가는 1년간 행사하지 아니하면 소멸된다. 다만, 사용자의 귀책사유로 사용하지 못한 경우에는 그러하지 아니하다.	⑦ 제1항·제2항 및 제4항에 따른 휴가는 1년간 (계속하여 근로한 기간이 1년 미만인 근로자의 제2항에 따른 유급휴가는 최초 1년의 근로가 끝날 때까지의 기간을 말한다) 행사하지 아니하면 소멸된다. 다만, 사용자의 귀책사유로 사용하지 못한 경우에는 그러하지 아니하다. <개정 2020. 3. 31.>

검사가 불기소처분을 한 마당에 사용자가 26일치 연차수당을 퇴직자에게 지급할 리는 없을 것이다. 즉 이에 대해 퇴직 근로자가 노동(지)청에 임금체불로 고소(또는 진정)하면 고용노동부는 기소 의견으로 검찰에 송치하는데, 검사가 불기소처분으로 맞서는 사태가 속출할 것이다. 사실 그렇게 진행되고 있다.

그럼에도 입법부가 근로기준법을 개정하는 데 주저하고 거부한다면 현장의 혼란은 누가 책임을 질 것인가? 사법부의 판단에 의해 사안을 종결하는 것은 어떨까? 헌법소원憲法訴願 또는 위헌법률심판청구違憲法律審判請求 사건으로 헌법재판소에서 이를 판결로 정리하는 방법이 있을 것이다.

검사의 불기소처분이 국가기관의 처분으로 불이익을 받은 자가 헌법재판소에 헌법소원을 제청해서 판결을 구하는 방법이 첫 번째이다. 두 번째는 판결의 전제가 법률의 위헌 여부가 전제되는 경우 법률의 위헌 여부를 헌법재판소 판결로 확정 짓는 방법이 두 번째이다.

앞서 1년 미만자의 연차사용촉진 제도가 이 논쟁을 많은 부분 해소하는 데 기여했으나 여전히 현장에서의 논란은 좀처럼 사그

라들지 않고 있다.

사례 : 일근자와 교대자의 입장 차이

(노동시간단축제도 시행에 의해 교대자에게 적용되는 근속년수에 따른 휴가일수의 감소현황)

2004년 근로기준법 개정 전후 연차휴가제도 비교

근속 연수	연차 구법	연차 신법	연차 증감	월차 감소	총계 감소	근속 연수	연차 구법	연차 신법	연차 증감	월차 감소	총계 감소
1년	10일	15일	+5	-12	-7	21년	30일	25일	-5	-12	-17
2년	11일	15일	+4	-12	-8	22년	31일	25일	-6	-12	-18
3년	12일	16일	+4	-12	-8	23년	32일	25일	-7	-12	-19
4년	13일	16일	+3	-12	-9	24년	33일	25일	-8	-12	-20
5년	14일	17일	+3	-12	-9	25년	34일	25일	-9	-12	-21
6년	15일	17일	+2	-12	-10	26년	35일	25일	-10	-12	-22
7년	16일	18일	+2	-12	-10	27년	36일	25일	-11	-12	-23
8년	17일	18일	+1	-12	-11	28년	37일	25일	-12	-12	-24
9년	18일	19일	+1	-12	-11	29년	38일	25일	-13	-12	-25
10년	19일	19일	동일	-12	-12	30년	39일	25일	-14	-12	-26
11년	20일	20일	동일	-12	-12	31년	40일	25일	-15	-12	-27
12년	21일	20일	-1	-12	-13	32년	41일	25일	-16	-12	-28
13년	22일	21일	-1	-12	-13	33년	42일	25일	-17	-12	-29
14년	23일	21일	-2	-12	-14	34년	43일	25일	-18	-12	-30
15년	24일	22일	-2	-12	-14	35년	44일	25일	-19	-12	-31
16년	25일	22일	-3	-12	-15	36년	45일	25일	-20	-12	-32
17년	26일	23일	-3	-12	-15	37년	46일	25일	-21	-12	-33
18년	27일	23일	-4	-12	-16	38년	47일	25일	-22	-12	-34
19년	28일	24일	-4	-12	-16	39년	48일	25일	-23	-12	-35
20년	29일	24일	-5	-12	-17	40년	49일	25일	-24	-12	-36

주 44시간제에서 주 40시간제로의 노동시간 단축에 따른 연차 휴가일수의 대폭 삭감을 표를 보면 확인할 수 있다. 월차휴가가 사라진 것을 제외하더라도 그렇다. 연차휴가일수가 동일한 11년 차 근속자의 경우, 12일의 월차휴가가 고스란히 사라진 것이다.

근속 30년차의 경우는 연차휴가일수가 14일 차이가 난다. 물론 월차휴가일 12일은 흔적 없이 사라졌다. 연차휴가는 그야말로 휴가로 시작했기에 휴가 차원에서만 보더라도 일수의 축소가 발생하였지만, 연차휴가를 사용하지 않고 연차수당으로 받으면 평균임금에 산입해서 퇴직금이 달라진다. 이것까지 감안하면 분명히 개악이다.

근속 40년차의 근로자에게는 주 40시간제 근로기준법의 등장으로 삭감된 연차일수 +삭제된 월차일수 합계가 무려 36일이다. 이를 수당으로만 보면 한 달 치 임금 이상이 사라진 것이다. 36일 치 휴가가 사라진 것이다.

주 44시간제에서 주 40시간제로의 시간 단축은 특별한 점이 있다. 다름 아닌 44시간 중에서 4시간은 토요일 4시간인 주근제 근무자에게는 4시간이 1일의 의미를 가진다. 토요일 오전 근무는 토요일의 절반을 휴식으로 보장하는 의미였는데, 4시간이 소정 근로시간에서 벗어난 시간 단축은 1일의 휴일을 부여한 의미가 되었다. 이러한 특수성 때문에 월차휴가를 폐지하는 논리가 되었고, 연차휴가의 축소를 수용해야 한다는 논리로 작용하였다.

왜냐하면 시간은 4시간이지만 그것을 하루의 의미로 본다면 비록 36일치 휴가가 사라진다 해도 52일의 휴일을 선택할 근로자가 많을 것이기 때문이다. 주간 근무자의 경우에는 그런 셈법이 가능하다.

다른 한편, 주근조가 아닌 교대제의 경우는 어떠한가? 예를 들어 주말이라는 개념이 없고 1년 내내 3교대로 상시 근무해야 하는 장치산업 종사 근로자에게 주근조가 말하는 논리는 도저히 납득이 되지 않는다. 4조 3교대제 근무자에게는 4일 단위로 8시간씩 3번의 노동을 하는 시스템으로 교대조로 편성이 되지 않는 날이 휴일이 되며 특정 요일이 주휴일이 되지 않는 시스템이다. 근본적으로 주 44시간제에서나 주 40시간제에서나 근무 형태에서 달라진 것은 전혀 없다. 그럼에도 월차와 연차를 대폭 삭감당한다는 박탈감이 대단히 크다. 주근자와 교대 근무자 간에 이견이 있는 것이 분명하다.

2004년 주 40시간제 노동시간 단축 근로기준법으로 개정된 지가 17년이 지났다. 근로기준법은 최저 기준을 정한 법률이다. 최저 기준 이상은 노사가 정하기 나름이다. 주 40시간제는 강행 규정으로 최저 기준이다.

주 40시간제에서 개정 전 근로기준법 연차휴가제도를 선택하

고 있는 사업장이 있다. 노동조합의 단결력이 아니면 가능하지 않는 얘기이다. 담벼락 하나를 사이에 두고 한 사업장에서는 유급 월차휴가도 있고, 유급 생리휴가도 있고, 한도가 없는(10일부터 시작하지만 매년 1일씩 증가하는) 연차휴가제도를 채택하고 있다. 그런데 다른 사업장은 개정 근로기준법에 따라 무급 생리휴가 한도가 있는 연차휴가제도(15일부터 시작하지만 2년에 1일씩 증가하고 25일 최대 한도가 있는)를 채택하고 있는 모습이 대한민국의 현주소이다.

이를 차별의 잣대로 보아야 할까? 사용자는 호시탐탐 개정 근로기준법 연차휴가제도로 변경할 기회를 노리고 있다.

퇴직금 누진제가 사용자의 공격 대상으로 집중되었던 시대가 있었다. 아주 오랫동안 사용자는 연차휴가제도를 타깃으로 하고 있다. 호봉제를 폐지하고 성과연봉제로 대체하려는 사용자의 노력은 그칠 줄 모른다. 인사노무관리 차원에서는 중단할 수 없다.

교대제 근로자는 이래저래 억울함이 많다. 노동법의 개정 과정에서 발생한 소수의 피해자이다. 교대제 근로자로서 입법부에서 선출직으로 일하는 자를 찾아보기가 힘들기 때문일까.

노동력 상실률 1/2, 1/3, 1/4 Matter of degree

2002년 현장에서 업무 수행 중에 거품을 물고 쓰러진 노동조합 대표자가 있었다. 긴급 연락을 받고 지역의 의료원으로 긴급후송해서 치료를 받고 위급한 상황은 면했지만 진단 결과 뇌혈관에 문제가 있음이 발견되었다. 먼저 기억력에 문제가 발생하고 언어 능력에 문제가 발생했는데, 입원 치료를 하여도 단기간에 완치되어 회복하기가 쉽지 않는 질병이다.

스트레스는 만병의 근원이다. 정신적인 스트레스로 인해 고충을 겪고 있는 근로자가 어느 사업장을 가릴 것 없이 존재한다. 혈관질환은 겉으로 드러나지 않는다. 서서히 조여든다. 침묵의 살인자다.

뇌혈관질환은 산업재해보상보험법 상으로는 정신기능 또는 신경계통 기능의 장해를 수반한다. 만약 완치되지 않으면 장해를 안고 치료를 종결하게 된다. 재요양을 하는 경우가 많고 업무에 복귀하더라도 원직에 복귀하기보다는 유사한(노동 강도가 경미한) 업무에 배치된다. 때로는 원직이나 유사한 업무에 복귀하는 것조차 불가능한 경우가 있다.

조사 통계에 따르면 질병 재해자 수는 근골격계질환자가 가장 큰 비율을 차지하는데, 발병 사망자의 숫자는 뇌혈관질환자가 가장 큰 비율을 차지한다. 치료 기간도 길고, 장해등급도 높다. 뇌혈관계질환은 그만큼 중대한 질병이다.

치료 중인 재해자에게 치료를 종결하라는 근로복지공단의 치료 종결 처분은 재해 근로자에게는 매정하기 그지없는 처분이지만 보험을 운영하는 근로복지공단으로서는 불가피한 조치인 측면이 있다.

치료 종결 시점과 동시에 해야 하는 것이 장해등급의 결정이다. 노동 상실률에 따라 1급부터 14급까지 장해등급이 결정된다. 7급 이상의 장해등급은 연금수급권을 선택할 수 있고, 8급부터 14급까지는 일시금으로 장해급여(보상)를 한다.

산업안전-산재보상은 공학과 의학의 영역

장해등급을 결정하는 것은 대단히 정밀하게 이루어진다. 산업재해보상보험법은 매우 상세하게 규정하고 있다. 신체 부위별 장해의 정도를 언어로 규정하고 있으며, 법률-시행령-시행규칙으로 내려갈수록 세부적으로 기술된다. 그리고 훈령, 고시 단계로 가면 수치數値로 나타난다. 수치로 나타낸다는 것은 객관적인 단계이며, 해석의 여지를 없애는 것이다.

그런데 아무리 계량화한다고 하여도 어려운 분야가 있다.

육체를 노동력을 가진 10개 부위로 구분하는 것이 산업재해보상보험법의 태도이다. 이耳, 목目, 구口, 비鼻, 피부皮膚, 신경정신神經情神, 척주脊柱, 흉복부胸腹部장기, 수부手部, 족부足部의 10개 부위가 그것이다.

이 중에서 육안으로 보이지 않는 부분이 있다. 척주, 장기 그리고 신경정신 계통이 그것이다. 신경정신 계통은 가장 그렇다.

10개 신체부위별 기질 장해 그리고 기능 장해 규정을 살펴보면 다음과 같다.

장해계열표 (산업재해보상보험법 제46조 제3항 관련)

부위		기질장해	기능장해
눈	안구 (양쪽)		시력장해
			운동장해
			조절기능장해
			시야장해
	눈꺼풀 (좌 또는 우)	상실장해	운동장해
귀	속귀 등 (양쪽)		청력장해
	귓바퀴 (좌 또는 우)	상실장해	

코	코 안		비호흡 및 후각기능장해
	외부 코	상실장해	
입			씹는 기능장해 및 말하는 기능장해
		치아장해	
머리, 목, 얼굴		흉터장해	
신경·정신		신경장해	
		정신장해	
흉복부 장기 <외부 생식기 포함>		흉복부 장기 장해	
체간	척추	변형장해	기능장해
	그 밖의 체간골	변형장해[쇄골(빗장뼈), 흉골(복장뼈), 늑골(갈비뼈), 견갑골(어깨뼈) 또는 골반골(골반뼈)]	
팔	팔 (좌 또는 우)	상실장해	
		변형장해 (위 팔뼈 또는 아래 팔뼈)	
		흉터장해	
	손가락 (좌 또는 우)	상실장해	기능장해
다리	다리 (좌 또는 우)	상실장해	기능장해
		변형장해 [대퇴골 (넙적다리뼈) 또는 하퇴골 (정강이뼈·종아리뼈)]	
		단축(짧아짐)장해	
		흉터장해	
	발가락 (좌 또는 우)	상실장해	기능장해

　통상 산재産災라고 하는 업무상 재해業務上災害는 업무 수행 중 사고 또는 업무 수행을 이유로 한 질병으로 신체 기질, 기능에 문제가 발생한 것을 말한다. 산재보험은 근로자에게 적용되며 의제擬制가입 제도를 택하고 있어서 사용자가 산재보험에 가입(보험료 납부)하지 않더라도 가입된 것으로 간주하기 때문에 근로자가 보상

을 받는 데에는 문제가 발생하지 않는다. 다만 4일 이상의 재해에 대해서만 적용되며, 우선 치료(요양급여)를 부여하고 치료기간 중 하루 일실소득逸失所得의 문제는 휴업급여(70% 임금지급)로 보상하며, 만일 치료에도 불구하고 치료되지 못한 장해가 발생했을 때에는 장해등급에 따른 장해급여로 보상에 갈음한다.

산업재해보상보험법에는 유난히 숫자가 많다. 의학의 영역이다. 보상의 내용은 구체적으로 서술해야 한다. 보상의 내용, 보상일수 부분에는 특히, 그렇다. 육체 기능을 수치화한다는 것은 대단히 난해한 영역이며, 사실상 불가능에 가깝다. 여기에 의학이 노동법의 실력을 높인다. 노동학의 핵심에 의학 지식이 자리한다.

산업재해보상보험법 [별표 2] 장해급여표 (제57조 제2항 관련)

(평균임금 기준)

장해등급	장해보상 연금	장해보상 일시금
제1급	329일분	1,474일분
제2급	291일분	1,309일분
제3급	257일분	1,155일분
제4급	224일분	1,012일분
제5급	193일분	869일분
제6급	164일분	737일분
제7급	138일분	616일분
제8급		495일분
제9급		385일분
제10급		297일분
제11급		220일분

제12급		154일분
제13급		99일분
제14급		55일분

불가능할 것 같고 곤란한 이 일을 산업재해보상보험법은 언어로 표시하고 있고, 가능한 수치화하고 있다. 정신신경계통을 다쳐서 치료하였음에도 기능장해가 발생한 경우, 그 기능장해를 체크해서 장해등급을 결정하는데, 그 구분의 기준을 보면 본질을 알아채면서도 갸우뚱해진다. 공부할수록 어려워진다. 해석은 해석을 낳고 해석해 놓은 말이 더 어려워진다.

여전히 의료과학이 첨단으로 발전했지만 자각 증상을 수치화한다는 것은 곤란할 수 있다. 신경정신장해의 특징으로는 첫째 그 장해가 기질장해가 아니라 기능장해라는 점이다. 외부로 보이는 것이 아닐 뿐 아니라 해부학解剖學적으로도 신경기능의 상실이라고 할 만한 하드웨어가 있다고 하기도 곤란하다.

두 번째로 신경정신기능의 장해는 자각증상이라 할 수 있다는 것이다. 그렇기에 장해 정도를 파악하는 것, 더구나 수치화해서 등급에 배치하는 일은 대단히 난해한 일이라는 것이다.

다음의 규정(표)을 보면 참으로 난해한 장면이 등장한다. 정량定量화, 수량數量화에 대한 노력의 힘겨운 여정이 역력하게 드러나 있다.

신경계통의 기능 또는 정신기능의 장해

구분	장해 내용	장해 등급	급여수준
중추신경계(뇌)의 장해	"신경계통의 기능 또는 정신기능에 뚜렷한 장해가 남아 특별히 쉬운 일 외에는 할 수 없는 사람"이란 신경계통의 기능 또는 정신기능의 뚜렷한 장해로 노동능력이 일반인의 4분의 1 정도만 남아 평생 동안 특별히 쉬운 일 외에는 노동을 할 수 없는 사람을 말한다	5급	869일분
	"신경계통의 기능 또는 정신기능에 장해가 남아 쉬운 일 외에는 하지 못하는 사람"이란 중등도의 신경계통의 기능 또는 정신기능의 장해로 노동능력이 일반인의 2분의 1 정도만 남은 사람을 말한다	7급	616일분
실조(失調: 조화운동 못함증)·현기증 및 평형기능장해	뚜렷한 실조 또는 평형기능장해로 노동능력이 일반인의 4분의 1 정도만 남은 사람은 제5급을 인정한다.	5급	869일분
	중등도의 실조 또는 평형기능장해로 노동능력이 명백하게 일반인의 2분의 1 정도만 남은 사람은 제7급을 인정한다.	7급	616일분
척수의 장해	마비나 그밖의 뚜렷한 척수증상으로 노동능력이 일반인의 4분의 1 정도만 남은 사람은 제5급을 인정한다.	5급	869일분
	명백한 척수증상으로 노동 능력이 일반인의 2분의 1 정도만 남은 사람은 제7급을 인정한다.	7급	616일분
그밖의 특징적인 장해 ; 외상성 뇌전증의 치유 시기는 치료효과를 기대할 수 없다고 인정되는 때 또는 요양으로 증상이 안정된 때로 하고, 장해등급은 발작 횟수, 발작이 노동 능력에 미치는 영향의 정도, 비발작 시의 정신증상 등을 종합적으로 판단하여 다음과 같이 결정한다.	충분한 치료에도 불구하고 발작의 빈도 또는 발작형의 특징 때문에 노동 능력이 일반인의 4분의 1 정도만 남은 사람 또는 뇌전증의 특수성으로 보아 취업 가능한 직종이 극도로 제한된 사람은 제5급을 인정한다.	5급	869일분
	충분한 치료에도 불구하고 1개월에 1회 이상의 의식장해가 수반되는 발작이 있거나 발작형의 특징 때문에 노동 능력이 일반인의 2분의 1 정도만 남은 사람 또는 뇌전증의 특수성으로 보아 취업 가능한 직종이 뚜렷하게 제한된 사람은 제7급을 인정한다.	7급	616일분

장해등급 5급과 7급은 869일분, 616일분의 장해급여를 각각 지급한다.

5급과 7급은 평균임금 253일분의 차이가 발생한다. 물론 장해연금으로 받는 것을 신청하면 장해연금으로 받을 수 있다. 어느 등급으로 결정되는가에 따라 산재자의 생활이 달라질 수 있다.

그런데 등급 결정의 기준을 의미하는 장해의 내용에 대해 선뜻 이해되지 않는 면이 있다. 1/2, 1/4의 의미는 무엇일까? 오로지 환자와 보호자 아니면 의료인의 진단서만을 통해서 장해의 정도를 파악할 수는 없는 까닭에 의료원에서는 다음과 같은 상황이 연출된다.

어느 날 담당 의사와 간호사가 산업재해자를 찾아왔다.

"환자분 어떠세요? 좀 괜찮으세요?"

"감사합니다. 많이 나아졌습니다만, 이제는 치료를 그만하고 싶습니다."

다음날 목발을 짚은 환자가 복도 한쪽 끝에서 반대편 끝까지 힘겹게 걸음을 옮겼다. 그리고 간호사에게 다음과 같이 말 전했다.

"아무리 노력을 해도 더 이상은 진전이 없습니다. 예전 같으면 10초도 걸리지 않을 거리를 이제는 30초가 걸려서야 겨우 걸었네요."

자, 이런 경우는 픽션일 것 같지만 현실이다. 노동력의 상실을 1/2로 볼 것인가? 아니면 1/4로 볼 것인가? 같은 거리를 10초 만에 걸을 수 있었는데, 장해로 인하여 30초가 소요되었을 경우 수치로 볼 때 노동 상실률은 2/3이다.

수학과 의학이 노동법의 공간에서 만나 과학의 이름으로 모든 역량을 동원한 곳이 산재 보상의 영역이다. 그 모든 과학이 지혜를 짜서 결론을 지은 장해등급의 기준표를 보면서 다시 겸손해진다. 노동법 수학數學! 그 수학의 길은 멀기만 하다. 그만큼 과제가 많이 남아 있다.

고유명사 과로, 과로사회의 탈출

과로는 한국과 일본에만 있는 고유명사이다. 영어권에서는 이해가 되지 않는지 해당하는 언어가 없다고 한다. 축적[蓄積]성 피로, Over Work, 만성피로증후군 정도의 단어로 표현할 수 있을 정도이다.

노동시간 단축의 역사는 주 48시간에서 주 44시간으로, 다시 주 40시간으로, 그리고 이제는 주 35시간을 향해 달려가고 있다. 과로는 결국 노동시간이라는 수치를 기준으로 기준 시간을 초과하는 경우, 그것을 과한 노동이라고 해서 과로라는 표현을 사용한다.

근로기준법의 역사는 노동시간 단축의 역사라고 해도 무방할 정도로 노동시간 단축을 위한 진보는 힘겨웠다. 이 과정에서 노사정은 갈등과 타협, 협력, 적응의 주체로서 함께 노력을 해왔다. 이제는 노동시간의 단축에 대한 반대가 근로자 측에서 나올 지경에 이르렀다. 다름 아닌 시간의 단축이 가져온 임금의 삭감 때문이다.

그럼에도 노동시간 단축은 저녁이 있는 삶, 일자리 나누기(Work Sharing) 그리고 바로 과로사회 탈출을 목적으로 한다. 그 누구도 거역할 수 없는 대의명분이 있다.

과로로 인한 업무상 질병은 혈관질환과 근골격계질환으로 나타난다. 혈관질환은 뇌혈관질환이 대부분이더. 즉 뇌출혈과 뇌경색 등 주로 뇌출혈로 나타나며 뇌출혈의 95%는 뇌지주막하출혈이다.

뇌혈관질환은 중추신경 기능의 저하로 이어지며 먼저 기억력과 언어능력에 문제를 일으킨다. 뇌혈관질환은 발생 초기에 긴급처치를 해야만 회복을 기대할 수 있고 회복이 된다고 하더라도 노동력의 상실을 크게 일으킨다.

가족의 생계를 책임지는 이른바 가장인 근로자가 뇌혈관질환으로 인해 요양 상황에 들어가게 되는 건 엄청난 타격이다. 출근은 고사하고 회복-원직복귀, 아니면 재활에 대한 시원한 보장이 없다. 근로자로서 사용자에게 민사상 손해배상을 청구하려니 사용자의 과실을 입증하는 것이 힘들다. 그래서 산업재해보상보험은 뇌혈관계질환 예비 근로자에게는 아주 중요한 공적 보험이다. 한 인간으로서, 근로자로서의 삶에 치명타를 입히고, 한 가정을 파탄나게 하는 무서운 뇌혈관질환은 업무상 재해, 즉 산재에 기대할 수밖에 없어지며 업무 기인성을 찾아야 하는 과제가 부여된다. 과로에 대한 산업재해보상보험법의 규정은 다음과 같다. 규정을 도식화하였다.

업무상 질병 인정기준 (산업재해보상보험법 시행령 별표 3)

단계별	인정기준	판단
1단계	돌발적 사건 또는 급격한 업무 환경의 변화	• 발병 전 24시간 이내에 업무와 관련된 돌발적이고 예측 곤란한 사건의 발생 • 급격한 업무 환경의 변화로 뇌혈관 병변이 자연경과를 넘어 급격하고 뚜렷하게 악화된 경우
2단계	단기간 업무상 부담	• 발병 전 1주일 이내의 업무의 양이나 시간이 일상업무보다 30% 이상 증가 • 업무강도 책임 및 업무환경 등이 유사한 업무를 수행하는 동종의 근로자라도 적응하기 어려운 정도로 바뀐 경우
3단계	만성적 과중한 업무	• 발병 전 12주 동안 업무시간이 1주 평균 60시간 • 발병 전 4주 동안 1주 평균 64시간을 초과하는 경우 • 단, 위 시간이 초과하지 않더라도 업무시간이 길어질수록 또는 야간근무의 경우 30% 할증

과로를 업무상 재해(산재)로 판정하는 근거 법령은 산업재해보상보험법 법률, 시행령, 시행규칙 그리고 고용노동부 고시告示이다. 과로는 업무 기인성 영역이다. 즉 업무 수행 중에 발생한 사고가 아니라 업무 수행을 원인으로 발생하는, 즉 업무 수행에 기인하는 질병으로 구분한다.

3개 단계로 구분하며 1)은 돌발적突發的인 경우이며 24시간이라는 시간적인 범위를 제한한다. 2)는 단기간短期間 과로이며 1주일 기간의 제한을 부여한다. 3)은 만성적慢性的인 과로이며 12주 (약 3개월)의 기간 제한을 받는다. 시간의 총량으로만 따지는 것이 아니라 교대제 근로 등 7개 사항을 추가로 고려해야 한다는 지침도 최근 추가되었다.

① 단계 1)의 내용은 사실상 사고事故에 가깝다. 원인은 물론 축적된 스트레스성 혈관질환일 수 있지만 기간만으로 볼 때에는 사고성이라 해도 무방하다. 이럴 경우는 긴급한 조치가 절실하다. 조금이라도 지체할 경우 뇌혈관질환은 회복이 힘들어진다.

② 단계 2)의 과로의 기준을 제시하고 있다, 즉 30% 초과라는 기준을 과로의 기준으로 제시하고 있다. 주 40시간제를 채택하고 있는 경우 30% 초과는 주 52시간을 초과하는 경우이다. 주 52시간제의 도입이 단계적으로 확대되어 2021년 7월 1일부터는 5인 이상 사업장으로 확대되었다. 주 52시간제, 주 52시간 상한제는 과로사회의 탈출을 위한 대책이다. 과로의 90%를 없앨 수 있다는 비전이 나온 이유도 여기에 있다. 만약 52시간제가 획일되면 논리적으로는 단기간 과로가 없어진다. 30% 초과기준을 제시하였으니 주 52시간을 초과하는 기준이라고 해야 하는데, 주 60시간이라는 기준을 제시하고 있다.

하지만 비록 52시간을 초과하지 않는 경우에도 교대, 야간 등의 복합적인 요인이 있는 경우에는 이를 감안해서 과로 여부를 결정해야 한다.

③ 그런데 문제는 탄력근로시간제의 일반화, 보편화가 진행되는 상황을 고려하지 않을 수 없다는 것이다. 2주 단위, 3개월 단위 그리고 6개월 단위까지 탄력근로시간제가 확대되는 현실은 과로사회의 탈출을 위한 그동안의 노력들을 물거품으로 돌릴 우려가 있다. 특정 주에 64시간까지 근로가 가능한 구조에서 과로에 노출될 수 있기 때문이다.

탄력근로시간제는 변형근로제이며 노동계에서는 도입을 저지하고자 하는 대상이었는데, 2018년 이후 노동현장에 변화가 있었다. 휴일 근로의 연장근로 여부에 대한 논쟁이 근로기준법 개정으로 1주일은 7일이며 휴일 근로는 8시간까지는 연장근로가 아니며 실 노동시간 기준 1주 52시간을 초과할 수 없음을 명문화하였다. 휴일근로 8시간, 2일 16시간을 포함한 주 52시간제가 주 단위로 총 68시간까지 가능하다는 주장은 더 이상 설 자리가 없어졌다.

이로써 노동시간을 확보하기 위한 여러 조치 중 하나로 탄력근로시간제의 도입이 늘어났고 근로자(노동조합)도 슬그머니 동의하는 분위기로 기울었다.

2017년 늦은 봄에 있었던 일이다. 그해 초봄에 노동조합이 등장하였고, 약 3개월간의 교육-교섭이 집중적으로 진행되어 전담

지도를 하고 있던 나 역시도 새벽까지 교육장에서 조합원, 간부와 머리를 맞대고 시간을 보냈다.

노사 사이에 교섭이 진행되어 하나씩 합의가 되고, 마침내 타결의 순간이 다가올 때쯤 사용자 측은 탄력근로시간제 도입을 제안하였다. 결코 수용할 수 없는 제안에 대해 사측의 저의가 의심스럽다는 판단 아래 노조 측은 교섭 결렬과 파업투쟁을 준비하였는데, 나는 일단 사측의 제안에 대해 설명을 들어보자며 조심스럽게 제안했다. 그리고 회사 측의 설명을 듣기 위한 자리가 비공식적으로 만들어졌다.

회사 측의 설명은 설득력이 없었고 추진력을 잃었다. 노와 사는 결국 탄력근로시간제를 도입하되 노사가 합의로 도입한다는 초등학교 수준의 합의 문구로 정리하고 교섭을 타결지었다.

당시 탄력근로시간제는 단위 기간별 2개 유형이 있었다. 하나는 2주 단위이며 나머지 하나는 3개월 이내 단위였다. 2주 이내 탄력근로시간제는 취업규칙(혹은 이에 준하는 것)의 작성 변경이 필요할 것이며, 노동조합이나 근로자 대표의 합의가 없어도 가능하다고 근로기준법을 해석하고 있다.

하지만 그렇지 않다. 만약 그렇다면 2주 단위로 계속해서 단위 기간으로 삼아 탄력근로시간제를 시행(악용)할 경우, 이를 막을 장치가 없어진다. 따라서 2주 단위 탄력근로시간제 또한 노사

합의가 필요하다고 해석해야 한다. 3개월 이내 탄력근로시간제, 3~6개월 탄력근로시간제는 근로자 대표와 서면합의가 필요하다.

탄력근로시간제의 독소 조항은 자동갱신自動更新의 가능성이다. 비록 단위 기간이 있어도 노사합의에서 단위 기간 만료 이후 자동적으로 갱신할 경우에는 반드시 노사합의가 있어야 한다든가 만료 1개월 전에 노와 사의 일방의 이의제기가 있는 경우에는 자동갱신이 되지 않는다는 장치가 반드시 필요하다.

탄력근로시간제는 주 단위 12시간을 추가로 할 수 있고 다만 탄력근로시간제 단위 전체 기간의 주당 평균 근로시간이 주 52시간을 초과할 수 없다는 조건이 따른다. 그러면 주 단위 근로시간이 다른 교대 근로자의 경우(예를 들어, 4조 3교대제) 40시간 미만인 해당 주에는 추가 근로시간이 얼마인지에 대해 확인이 필요하다.

고용노동부는 다음과 같이 해석하고 있다.

탄력근로시간제를 도입하고 있는 경우, 근로기준법 제53조 제2항 위반 기준에 대하여 노사가 합의한 1주 근로시간(40시간 미만이든 40시간 이상이든 상관없이)을 기준으로 1주 연장근로시간이 12시간을 초과한 경우는 모두 연장근로제한 위반(임금근로시간과-1894, 2019.11.27.)이다.

탄력근로시간제에서는 1일 12시간을 초과할 경우 연장근로수당을 지급한다는 것이 최저 기준이 되므로 노사가 합의 당시에 연장근로수당의 기준에 대해 합의해야 한다. 자칫 큰 오해가 생길 수 있는 부분이다. 1일 8시간을 초과하는 경우라 해서 반드시 연장근로 가산수당이 발생하는 것은 아니라는 것이다. 예컨대 탄력근로시간제로 1주간의 근로시간을 평균하여 주 40시간 설정한 경우라면, 근로일 별 근로시간을 정하게 되고, 이에 따라 특정 근로일 근로시간이 12시간이라면, 12시간에 대해서는 연장근로 가산수당이 발생하지 않게 된다. 1일 소정근로시간이 12시간이 된다.

물론 탄력근로시간제 하에서 특정일 근로시간을 8시간으로 노사가 합의한 경우라면, 8시간을 초과하는 근로시간에 대해서는 연장근로 가산수당이 발생하게 된다. 반드시 체크해야 한다.

3개월 이내 단위 기간 탄력근로시간제에서 특정 주는 52시간을 초과하지 못하고, 특정일은 12시간을 초과하지 못하나 다만 노사간 합의가 있다면 제53조 제2항에 의한 주 12시간의 연장근로가 가능하므로, 이론상 1일 근로시간을 12시간으로 정한 일자에는 12시간+12시간까지 가능하다는 논리가 도출된다. 단, 이 경우도 근로기준법 제54조에 의한 휴게시간 부여 의무가 있으므로 24시간 연속한 근로는 사실상 불가능할 것이다.

탄력근로시간제에서 연장근로 한도는 '노사 간 합의한 1주 근로시간을 기준으로 1주 연장근로시간이 12시간 이내'여야 한다. 즉 예컨대 첫 주에 52시간, 둘째 주 28시간으로 설정한 경우라면, 첫 주는 52+12=64시간까지 근로가 가능할 것이며, 둘째 주는 28+12=40시간까지 근로가 가능할 것이다.

노사가 합의한 1주 근로시간에서 12시간을 초과할 수 없고, 3개월 이내 탄력근로시간제는 특정 주 52시간을 초과할 수 없으므로 이론상 한 주 최대 근로시간은 52+12=64시간이 될 것이다.

특별 연장근로特別 延長勤勞라고 해서 특별한 사유에는 주 52시간제의 예외를 인정한다. 과로에 취약해질 수 있다. 이러한 요소가 연장근로 제한의 예외 사유를 인정하면서 커졌다. 근로시간 제한은 엄격해야 한다. 예외의 폭을 넓게 인정하면 원칙은 무너진다.

참고로 근로기준법 시행규칙(2020년 1월 30일 개정) 제9조 제1항 제4호 "통상적인 경우에 비해 업무량이 대폭적으로 증가한 경우로서 이를 단기간 내에 처리하지 않으면 사업에 중대한 지장이 초래되거나 손해가 발생하는 경우"란 ㉠ 업무량의 대폭적인 증가, ㉡ 단기간 내에 처리(다른 대책 활용 곤란), ㉢ 사업에 중대한 지장이나 손해 발생 우려 요건이 충족되어야 한다. 사전에 예측하기 어려운 급격한 업무량 증가, 불가피한 사유로 납기 등이 지나

치게 짧게 주어지거나 단축되는 경우 등 통상적이지 않은 임시적인 사정으로 인해 법정 연장근로시간의 한도 내에서는 대응하기 어려운 경우를 의미하며, 업무량의 '대폭적인 증가' 여부는 개별 사안별로 생산량·매출액 및 근로자수의 변동, 납기의 조정, 통상의 근로시간 등 제반 사정을 종합적으로 고려하여 판단하게 된다.

코로나 팬데믹으로 인한 재택근무의 확대, 변형근로제의 보편화는 닫혔던 변형근로의 확대를 무한정 가능하게 하고 있다. 원칙-예외 구조가 자리를 바꾸지 않았나 할 정도이다.

하지만 원칙은 분명하게 견지해야 한다.

④ 과로의 기준 관련 특이한 점은 시간 총량을 계산함에 있어서 단위 기간 내의 야간근로^{夜間勤勞}에 대해서는 할증률을 적용한다는 점이다. 할증률은 30%이다.

이는 획기적인 조치로서 이를 제도화하는 과정에는 너무나도 힘겨운 노력이 있었다. 임금에 대해서는 가산임금이라 해서 특근(특별한 근로)인 경우, 즉 연장근로(1일 8시간을 초과한 근로)나 야간근로(22시부터 06시까지의 근로) 또는 휴일근로(휴무일이든 휴일이든 무관하다)에 대해서는 50%의 할증률을 적용받는다.

야간근로에 대해서만 과로 기준에서 할증률을 적용하는 것은 야간근로가 그만큼 건강을 악화시키는 요인이라는 사실을 반영한 것이다. 아쉬운 점은 50% 할증률이 아니라 30% 할증률이라는 것이다. 장래에 연장근로나 휴일근로의 경우에도 과로 기준에서 할증률이 적용되어야 할 것이다.

⑤ 단계 3)은 만성적인 과로를 뜻한다. 기간은 3개월 기한이다. 과로의 입증에서 입증책임의 부담이 커진다. 초단기에 비해 증거력이 떨어지고 단기에 비해서도 증거력이 떨어진다. 그리고 증거수집의 애로가 또한 앞의 두 기준에 비해 커진다. 반드시 앞의 두 기준과 선택적 사항은 아니다. 즉 단기과로의 요건에도 해당되며 만성적인 과로의 요건에도 해당되는 경우가 오히려 다수이다. 하지만 앞의 두 기준에 부합하는 증거가 없을 경우에는 만성적 과로의 기준에 부합하는 증거자료를 수집하는 노력은 힘겨워지지만 쉽게 포기할 수는 없다. 종종 예상치 못한 증거자료가 포착되는 경우가 있다. 무의식 중에 지나칠 수 있지만 기준에 걸릴 수 있는 업무수행 관습 또는 동료의 용기있는 진술, 본인의 메모(휴대폰 메모, 일기장, 수첩 등)에서 결정적인 증거가 확인되는 경우가 그것이다.

타임 오프? 아니면 레이버 오프?

타임 오프time off라는 말은 시간(time)이 면제된다는 말이다. 노동
법적으로는 근로자의 근로시간이 면제받는다는 것이다. 그렇다
면 레이버 오프labor off라고 말하는 것이 정확한 표현이 아닐까!

그렇게 하지 않는 이유는 뭘까? 여기에는 많은 뜻이 내포되어
있다. 결론적으로 레이버 온labor on의 의미가 있다는 것이다. 그렇
기 때문에 오랫동안 논란이 증폭되어 난제였던 것이다.

근로계약의 당사자인 근로자는 사용자의 업무 지시를 받고 업
무를 수행해야 할 법적 의무가 있다. 사용자의 업무 지시로부터
자유로운 영역도 존재하는데, 바로 휴식이다. 휴식에는 휴가休暇,
휴일休日, 휴게休憩가 있다. 또한 근로계약으로 사용자의 업무 지시
를 수행하는 근로자가 노동조합에 가입하든가 노동조합을 결성
해서 조합원이 되고 노동조합 대표자, 노조간부가 되어 노동조합

업무만을 수행해야 할 처지가 되는 경우가 있다. 노조전임자^{勞組專}^{臨者}가 바로 그것이다. 근로계약 관계에 있음에도 노동삼권에 의해 노동조합 활동만을 수행하는 경우가 생기는데, 여기서 근로시간의 면제가 발생한다.

근로계약 관계에 있는 근로자에게 노동조합 활동만을 하는 것을 허용하는 경우, 그 근로자는 휴직의 상태에 놓이게 된다. 이는 당연하다. 왜냐하면 근로계약상의 기본적인 의무인 근로 제공이 없기 때문에 임금 지급이 없다. 상식적이다. 개별 노동관계법이 이해를 못하는 집단 노동관계법의 영역이다.

노조전임자^{勞組專臨者}는 노동조합 활동만을 하는 자이기에 급여 문제는 사용자가 관여할 사항이 아니며, 노동조합에서 책임질 사안이다. 이 또한 당연한 논리이다. 노동조합법은 이를 분명하게 확인하고 있었다.

노동조합은 사용자로부터의 자주성을 그 생명으로 하고 있기에 사용자로부터 급여를 받는 자가 노조전임자로 있으면 노동조합의 자주성이 침해된다는 것을 분명하게 하고 있었다.

그런데 2021년 1월 5일 노동조합 및 노동관계조정법 개정으로 근본적인 명문의 변경이 생겼다. 같은 법률 제24조에서 임금 지급금지 원칙-예외에서 원칙을 삭제한 것이다. 동시에 제81조 제3항 4호에서 근로시간 면제 한도를 초과하여 임금을 지급하는 행위만을 부당노동행위不當勞動行爲 제도라고 규정하기에 이르렀다. 즉 노조전임자 임금지급금지 원칙은 근로시간 면제 제도를 전제할 때 그 영역에서는 그러한 원칙은 더 이상 원칙이 아니라는 것을 분명하게 한 것이다.

노동조합 및 노동관계조정법

■ 제24조(근로시간 면제 등)

① 근로자는 단체협약으로 정하거나 사용자의 동의가 있는 경우에는 사용자 또는 노동조합으로부터 급여를 지급 받으면서 근로계약 소정의 근로를 제공하지 아니하고 노동조합의 업무에 종사할 수 있다.〈개정 2021. 1. 5.〉

② 제1항에 따라 사용자로부터 급여를 지급받는 근로자(이하 "근로시간면제자"라 한다)는 사업 또는 사업장별로 종사근로자인 조합원 수 등을 고려하여 제24조의2에 따라 결정된 근로시간 면제 한도(이하 "근로시간 면제 한도"라 한다)를 초과하지 아니하는 범위에서 임금의 손실 없이 사용자와의 협의·교섭, 고충처리, 산업안전 활동 등이 법 또는 다른 법률에서 정하는 업무와 건전한 노사관계 발전을 위한 노동조합의 유지·관리업무를 할 수 있다.〈개정 2021. 1. 5.〉

③ 사용자는 제1항에 따라 노동조합의 업무에 종사하는 근로자의 정당한 노동조합 활동을 제한해서는 아니 된다.〈신설 2010. 1. 1., 2021. 1. 5.〉

④ 제2항을 위반하여 근로시간 면제 한도를 초과하는 내용을 정한 단체협약 또는 사용자의 동의는 그 부분에 한정하여 무효로 한다.〈개정 2021. 1. 5.〉

⑤ 삭제〈2021. 1. 5.〉[제목 개정 2021. 1. 5.] [시행일 : 2021. 7. 6.] 제24조

■ 제81조(부당노동행위)

① 사용자는 다음 각 호의 어느 하나에 해당하는 행위(이하 "부당노동행위不當勞動行爲"라 한다)를 할 수 없다.

1. 근로자가 노동조합에 가입 또는 가입하려고 하였거나 노동조합을 조직하려고 하였거나 기타 노동조합의 업무를 위한 정당한 행위를 한 것을 이유로 그 근로자를 해고하거나 그 근로자에게 불이익을 주는 행위

2. 근로자가 어느 노동조합에 가입하지 아니할 것 또는 탈퇴할 것을 고용조건으로 하거나 특정한 노동조합의 조합원이 될 것을 고용조건으로 하는 행위. 다만, 노동조합이 당해 사업장에 종사하는 근로자의 3분의 2 이상을 대표하고 있을 때에는 근로자가 그 노동조합의 조합원이 될 것을 고용조건으로 하는 단체협약의 체결은 예외로 하며, 이 경우 사용자는 근로자가 그 노동조합에서 제명된 것 또는 그 노동조합을 탈퇴하여 새로 노동조합을 조직하거나 다른 노동조합에 가입한 것을 이유로 근로자에게 신분상 불이익한 행위를 할 수 없다.

3. 노동조합의 대표자 또는 노동조합으로부터 위임을 받은 자와의 단체협약체결 기타의 단체교섭을 정당한 이유없이 거부하거나 해태하는 행위

4. 근로자가 노동조합을 조직 또는 운영하는 것을 지배하거나 이에 개입하는 행위와 근로시간 면제 한도를 초과하여 급여를 지급하거나 노동조합의 운영비를 원조하는 행위. 다만, 근로자가 근로시간 중에 제24조제2항에 따른 활동을 하는 것을 사용자가 허용함은 무방하며, 또한 근로자의 후생자금 또는 경제상의 불행 그 밖에 재해의 방지와 구제 등을 위한 기금의 기부와 최소한의 규모의 노동조합사무소의 제공 및 그 밖에 이에 준하여 노동조합의 자주적인 운영 또는 활동을 침해할 위험이 없는 범위에서의 운영비 원조행위는 예외로 한다.

> 5. 근로자가 정당한 단체행위에 참가한 것을 이유로 하거나 또는 노동위원회에 대하여 사용자가 이 조의 규정에 위반한 것을 신고하거나 그에 관한 증언을 하거나 기타 행정관청에 증거를 제출한 것을 이유로 그 근로자를 해고하거나 그 근로자에게 불이익을 주는 행위
>
> ② 생략

왜 이러한 변화가 있었을까?

노동삼권을 보장하라는 헌법 원칙상 노조전임자의 노사관계 역할 수행을 오로지 노동조합 활동이라고 할 수 없다는 사실 인식이 비로소 원칙으로 자리를 잡은 것이다.

사실 이것은 예전부터 인식했던 것이지만 노조전임자 임금지급금지 원칙의 벽에 막혀서 생긴 것이다. 노조전임자에는 사업장 내에서 법률이 보장하는 노사관계(교섭, 협의, 산업안전, 고충처리 등)를 수행하는 자와 사업장을 벗어나서 사업장 차원이 아닌 노동조합 활동을 수행하는 자가 있다.

전자의 경우에는 사용자의 입장에서도 임금을 지급하지 않을 이유가 없다. 그리고 원만한 노사관계를 생각한다면 임금지급을 선호할 수도 있었다.

타임 오프 제도의 등장

오랜 논쟁의 한 대목으로 2010년 노조전임자의 임금지급 문제를 타임 오프라는 제도에서 2,000시간이라는 근로시간 면제 시간으로 등장한 배경을 살펴보기로 한다.

2010년 9시 뉴스에는 '타임 오프 확정'이라는 보도가 연이어 터졌다. 이명박 정부 시절 노사문제의 오랜 암초였던 노조전임자 임금 문제가 마침내 법제화되었다. 당시 환경노동위원회 위원장은 야당 소속 국회의원이었는데, 정부제안 입법 법제화에 반대하는 야당은 자기 정당의 기조에 반하는 행동을 취하는 상임위원장에 대해 볼멘소리를 냈다.

이전 김영삼 정부 노동부장관은 노조전임자 부분 임금지급 원칙을 제시하기도 한 바 있지만 법률을 뛰어넘지는 못했다. 현실에서는 노조전임자가 임금을 지급 받고 있고, 노사관계 업무를 수행하기에 사측도 대놓고 반대만 할 입장은 아니었다. 노사관계의 현실과 안정을 감안해야 하는데, 접점을 찾는 데 실패했던 것이다. 특히 상급단체 파견 전임자의 경우는 본인뿐만 아니라 상급단체 차원에서도 심각한 사안인지라 미루고 미루어서 5년의 적용 유예, 다시 5년의 적용 유예, 다시 3년의 적용 유예를 반복하였다. 그리고 마침내 이 뜨거운 감자를 식혔고 종지부를 찍었다는 것은 적지 않은 성과라고 할 수 있다. 지금도 이명박 정부에서 내세울 만한 치적 중의 치적의 하나로 들고 있다.

기본적으로 타임 오프(근로면제)는 조합원수를 기준

2010년 도입된 타임 오프 제도는 그동안 약간의 변화가 있었다. 첫째, 조합원 50인 미만 구간에 대해 99인까지 구간으로 통합 조정했고, 둘째, 전체 조합원 5% 이상이 근무하는 것을 기준으로 조합원이 분포하고 있는 광역자치단체의 숫자가 많을수록 할증률을 높이는 방식이 추가되었다.

조합원수에 따른 근로시간 면제 한도

조합원 규모*	연간 시간 한도	사용가능인원
99명 이하	최대 2,000시간 이내	•조합원수 300명 미만의 구간 : 파트타임으로 사용할 경우 그 인원은 풀타임으로 사용할 수 있는 인원의 3배를 초과할 수 없다.
100명~199명	최대 3,000시간 이내	
200명~299명	최대 4,000시간 이내	
300명~499명	최대 5,000시간 이내	
500명~999명	최대 6,000시간 이내	
1,000명~2,999명	최대 10,000시간 이내	•조합원수 300명 이상의 구간 : 파트타임으로 사용할 경우 그 인원은 풀타임으로 사용할 수 있는 인원의 2배를 초과할 수 없다.
3,000명~4,999명	최대 14,000시간 이내	
5,000명~9,999명	최대 22,000시간 이내	
10,000명~14,999명	최대 28,000시간 이내	
15,000명 이상	최대 36,000시간 이내	

* '조합원 규모'는 노동조합 및 노동관계조정법 제24조 제4항의 '사업 또는 사업장'의 전체 조합원 수를 의미하며, 단체협약을 체결한 날 또는 사용자가 동의한 날을 기준으로 산정한다.

지역 분포에 따른 근로시간 면제 한도

대상	추가 부여되는 근로시간 면제 한도	
	광역자치단체 개수	시간
전체 조합원 1,000명 이상인 사업 또는 사업장	2~5개	(사업 또는 사업장 연간 근로시간 면제 한도)×10%
	6~9개	(사업 또는 사업장 연간 근로시간 면제 한도)×20%
	10개 이상	(사업 또는 사업장 연간 근로시간 면제 한도)×30%

* 광역자치단체 개수 산정기준
① 광역자치단체는 지방자치법 제2조 제1항 제1호에 따른 특별시, 광역시,특별자치시, 도, 특별자치도를 말한다.
② 광역자치단체의 개수는 해당 사업 또는 사업장의 전체 조합원 5% 이상이 근무하는 것을 기준으로 산정한다.

노조전임자의 근로면제시간

여기에서 2,000시간이 나온다.

근로계약 중 근로자가 조합원으로서 노동조합 활동에 전념할 경우, 이를 노조전임자라고 하고 근로를 면제받는 시간을 근로면제시간이라 하는데, 그 시간수를 연간으로 계산해보면 2,000시간이라는 것이다. 1인이 풀full로 타임 오프를 받는 시간이 연간 2,000시간이라는 뜻이다. 이는 1일 8시간, 1주 40시간 현행 근로기준법에 따른 것이며 만약 1일 8시간 미만인 경우에는 그 연간 시간수가 2,000시간이 되지 않을 것이다. (1일 소정근로시간이 4시간인 경우는 연간 1,000시간이 될 것임.)

어떻게 이렇게 계산이 되었을까?

2010년 당시 계산할 때 1년은 365일이었다. 365일이었다는 말은 무슨 말인가? 4년에 1번 366일이 있으니 평균 연간일수는 365.25일이다. 정확하게 말하면, 일단 365일이라고 보자.

주근 근무제인 경우, 즉 월요일부터 금요일까지 8시간을 근무하고 토요일과 일요일을 휴일(휴무일과 주휴일)로 정한 경우에 출근일에서 제외되는 날짜는 일단 104일이다.

1년은 7일 단위 1주일이 52번 있으므로. 52×2=104일이다. 그러면 261일이 출근일수일까? 아니다. 그해 달력을 보았다. 4개 국경일(3.1, 삼일절, 7,17 제헌절, 8.15 광복절, 10.3 개천절)을 비롯해서 빨간색으로 칠해진 휴일이 1.1 신정. 5.5 어린이날, (음력이라서 매년 달라지지만) 석가탄신일, 6.6 현충일, 추석명절(음력이라서 매년 달라지지만), 설명절, 12.25 크리스마스 7일이 추가된다. 합계 11일이다.

그래서 261일에서 11일을 빼면 250일이다. 즉 250일을 출근한다는 뜻이다. 동시에 250일을 근로면제시켜 준다는 것이다. 즉 출근을 면제시켜 준다는 것이다. 그 하루가 8시간이므로 250일×8시간=2,000시간이다. 에누리 없이 천 단위로 2,000시간이 도출된다. 깔끔하기 그지없다.

그런데 2,000시간을 근로면제 받은 이른바 풀타임 근로면제(타임 오프)자는 사용자의 업무 지시에 따른 일을 하지 않기 때문에 휴직자의 신분인가? 원칙적으로 그렇다. 그렇다고 하지 않을 수 없다. 다만 노사 합의에 따라 노동법에 정한 상한 하에서 정한 타임 오프 자가 법이 정한 업무(교섭, 협의, 산업안전 등 노사관계 업무와 노동조합 관리활동 업무)에 대해서는 임금의 손실이 없기 때문에 휴직 중인 자라고 할 수는 없다. 출퇴근의 의무는 없는가? 노사가 합의한 타임 오프의 한도 안에서 사업장의 노사관계를 수행하는 자의 경우에는(상급단체 파견 전임자가 아닌) 근로계약상의 기본적인 근로자의 의무인 출퇴근의 의무는 수행해야 한다는 것이 노동부의 입장이지만 사실상 그렇게 할 수 없다. 왜냐하면 노동조합 활동을 사용자 측에서 감시하는 것이 될 수 있고, 이는 부당노동행위(지배 개입)가 될 우려가 있어서 가능하지 않은 측면이 있다. 노사 신뢰의 차원에서 타임 오프인 자의 일정은 노사가 공유하는 차원으로 보면 된다. 만약 노동조합 업무 수행 중에 재해를 당했을 경우에 산재신청 승인을 받을 수 없는가? 이 부분에 대해서는 논란이 있었지만 노사관계 차원에서 이루어진 타임 오프 자의 재해는 업무상 재해로 본다는 근로복지공단의 해석이 등장함으로써 논란은 종결되었다.

타임 오프 제도 시행 10년

여전히 타임 오프 제도는 노사자율 원칙을 무시한 것이고, 법률이 상한선으로 정해 개입하고 있다. 전임자 임금지급을 원천적으로 부당노동행위라고 전제하고 예외 사유가 있는 경우에 한해서 임금지급을 허용하는 태도에서 벗어난 것은 진일보한 것이다. 하지만 근본적으로 노동조합 전임자를 축소하고 노동조합 활동을 위축시키고 특히, 상급단체 파견 전임자 숫자를 줄여서 건전한 상급단체 활동까지도 위축시킨 측면이 있다는 것은 부정할 수 없다. 전임자 임금은 노사자율의 영역이므로 반드시 타임 오프 제도를 폐기하자는 주장이 있다.

사업장 내에서의 노사관계를 담당하는 노조전임자(정확하게 말하면 노사관계 전임자)의 임금지급 문제는 조합원 숫자에 연동하는 근본적인 한계가 있지만 상당 부분 해결되었다고 보자.

하지만 상급단체에서 노동조합 활동을 해야 하는 상급단체 파견 전임자의 경우는 대규모 노동조합이 아니면 파견 전임자를 타임 오프 범위 내에서 만들어 내기가 힘이 든다. 대규모 노동조합이라 하더라도 이는 쉬운 일이 아니다. 상급단체 스스로 파견 전임자의 임금 수준을 자체 해결하는 재정 자립 능력이 없다는 것을 전제한다.

타임 오프 한도를 초과한 임금지급을 노동조합 및 노동관계조정법 제81조 제1항 제4호는 분명하게 막고 있다. 상급단체 파견 전임자의 숫자가 급격하게 줄어든 노동단체는 타임 오프의 폐기를 주장하고 있지만 국회는 움직이지 않고 있다. 대통령 선거에

서는 늘 타임 오프 폐기 공약公約이 등장하지만 그저 말 그대로 공
약空約일 뿐이다.

타임 오프 극복

타임 오프의 극복은 먼저 타임 오프 제도의 폐지에 있다. 노사
자율 원칙에 위배되기 때문이다.

노동조합 전임자 임금지급 여부는 노사가 자율적으로 결정할
일이라는 데에는 그 누구도 이설을 달지 못 한다.

타임 오프 시행 이후 현장에는 다양한 의견이 발생하였고 지
금도 그렇다. 노동운동을 근본적으로 막는 악법 중의 악법이라
는 주장에서부터 '현실적으로 무엇이 불리하게 작용한 것이 있는
가?' 라는 반론까지. 그러면서 단계적으로 타임 오프의 문제를 시
정해 나아가자는 현실론이 언제부터인지 자리를 잡았다.

그런데 무언가 허전한 나의 이런 생각을 조금은 뒤바꾼 독특한
경험이 있다. 2018년도 가을 어느 날, 타임 오프와 관련해서 나의
선입관에 충격을 주었던 일이 있었던 것이다.

인근 지역의 모 사업장에서 조합원 교육을 요청해 왔다. 공식
적인 요청은 아니었고, 지인을 통해 들어온 요청이었다. 며칠 후
담당 간부(노조 사무국장)를 만날 수 있었는데, 몇 마디를 듣고 난

후 준비한 질문을 던졌다.

해당 지역에도 양대 노총 상급단체 활동가가 있을 텐데 왜 인근 지역의 활동가 간부인 나를 찾았는지, 해당 본부에서 이 정도 규모의 조직이라면 관심이 클 텐데 본부에 요청을 하는 것이 더 좋을 것 같다는 의견이었다.

그는 내 질문에 수긍을 하면서도 상급단체를 선택하는 문제이기에 특정 상급단체에게 연락을 해서 조합원 교육을 요청하는 것보다는 타 지역의 유능한 간부, 활동가, 특히 공인노무사를 초청해 조합원 교육을 시행하는 것이 여러모로 좋겠다는 판단을 노동조합 집행부에서 결정하게 되었다고 대답했다.

나는 1일을 선택했고, 휴가를 냈고, 그날 이동을 해서 아침 출근조부터 90분씩 5차례 교육을 시행했다. 강행군이었다. 하나의 사업장에서 조합원 300명을 5개조로 구분해서 5번을 연속으로 교육한다는 것은 꽤 큰 고역이다.

그러나 재미가 있었다. 사례 중심으로 현장감 있게 맞춤형, 참여형으로 교육을 시행했다. 반응도 뜨거웠고 인터넷 검색해서 나를 알아보는 이도 있었다.

교육을 마치고 그 다음 주 교육평가를 위해 해당 지역을 방문했다. 그리고 지역 지부 현황을 알아보려고 근로복지회관을 찾았다. 휴일이라서 문을 닫고 있었는데, 이상하게도 상급단체 지역 지부가 같은 건물 2층과 3층을 각각 사용하고 있었다. 이러한 예가 더러 있지만 많은 것은 아니어서 해당 지역의 오랜 노동계 선배에게 지역의 노동계 현황에 대해 문의해 보았다.

양대 노총 지역 지부의 현황을 물었더니 다음과 같은 대답을 들을 수 있었다. 하나의 지역 지부에는 상근자가 1명으로 전화를 받고 지원 업무를 수행하는 여성이며, 다른 지역 지부는 상근자가 22명이며 그 중에서 단위로부터 파견된 간부와 지역 지부의 예산에서 급여를 지급받는 간부가 각각 절반 정도라는 것이다. 놀라운 사실이었다. 어떻게 그런 일이 가능한지를 물었고 선배의 대답은 간단했다.

노동법에서 타임 오프로 가능한 상근단체 파견 전임자는 한계가 있다. 대부분의 타임 오프 전임자는 사업장 내 노동조합 사무실에서 상근하며 노사관계 업무를 수행하므로 상급단체로 파견할 수 있는 여력이 있는 사업장은 극히 적다는 것이고, 그나마 이정도로 파견을 받는 것은 대단하다는 것이다. 나머지 절반의 상근자는 노동운동을 하다가 해고된 사람을 중심으로 지역의 노동운동 활동가인데, 그들의 급여를 충당할 예산이 지역 지부에 없으므로 애초에 매년 노사가 산별교섭을 할 때 사측에게 노동조합 발전기금을 요구하며, 그 규모는 지역 지부 상근 활동가의 인건비 수준이라는 것이다. 교섭-쟁의 투쟁력이 뒷받침이 되니까 가능하다는 것이다.

해당 지부는 타임 오프 제도를 뛰어넘었다고 판단한다. 산별교섭이기에 가능한 것이지 않을까 하는 생각도 한다. 산별교섭은 해당 산별에 가입한 사업장 전체가 참여하고 여기서 노동조합 측은 상대방인 사용자들에게 분담금을 요구한다. 그래서 파견 전임자의 급여만큼을 획득한다. 그리고 지부 재정으로 파견자의 급여를 지급한다.

타임 오프Time Off는 레이버 오프Labor Off가 아니다.

타임 오프는 소속, 신분에 달라진 것이 없으며 개별노동법 근로계약 당사자 신분을 벗어나서 집단노동법의 노사 간 계약 당사자로서 본 신분이 업무상 재해(산재) 여부에 영향을 미치지 않는다. 물론 임금지급에도 다를 바 없다. 결국 타임 오프Time Off이지 레이버 오프Labor Off는 아니다.

연공호봉제와 성과연봉제 선택

"근속년수에 따라 1년에 한 번 아니면 두 번, 많게는 4번까지 자동으로 임금이 상승하는 호봉제를 선호하십니까? 아니면 개인 (아니면 집단) 평가를 통해 성과급을 차등적으로 지급하는 성과급 제를 선호하십니까?"

호봉제는 연공급^{年功給}이라 하여 장유유서의 문화가 사회에 뿌리를 내리고 있는 동양 유교문화권에서 대세를 이루었다. 대한민국 공무원 사회는 직무급과 호봉제를 조합한 임금체계를 가지고 있다. 직급별 호봉표가 있는 호봉급 체계인데, 비록 직급은 낮을지라도 연공(근속년수)이 높다면 하위직급이라도 상위직급자보다 급여 수준이 높은 경우가 발생한다. 결국 근속년수가 임금 수준을 결정하는 가장 중요한 기준이라 할 수 있다.

제조업종 사업장이고 따라서 생산직 사원이 많고 그 생산직 근로자로 구성된 노동조합이 있어서 사측과 교섭을 통해 임금 등 단체협약을 체결해서 임금을 결정하는 사업(장)에서는 연공급인 호봉제가 예외 없이 적용된다. 고정급의 비율이 절대적으로 크다. 반면에 사무직군은 직급이 낮아도 연봉제를 채택하고 가산임금加算賃金(연장근로수당, 휴일근로수당, 야간근로수당)이 추가로 발생하지 않으며, 연차휴가의 경우 사용촉진 제도를 대폭 활용하여 연차수당으로 받는 것은 극히 적으며 변동급(성과급)의 비중이 크다.

만약 생산직 근로자에게 개인의 성과에 따른 성과급 중심으로 임금체계를 적용하게 된다면 어떻게 될까? 노동삼권의 출발인 단결을 그 생명으로 하는 노동조합은 근간이 무너질 수 있다. 개별 근로자의 임금 수준이 공개될 수 있을지도 의문이다. 성과급의 공개는 평가 결과의 공개이며, 이를 공개하는 것은 기업 경영 비밀의 준수의무 위반으로 해석하여 징계의 사유로 삼겠다는 것이 사용자의 논리이기 때문이다.

임금 수준이 그 출발에서는 비록 성과급제에 비해 적을지 몰라도 안정적이며, 호봉승급(승호)뿐만 아니라 임금교섭에 의한 협약 임금상승률도 여지가 있어서 조합원이 어느 임금체계를 선호할지는 물어볼 필요가 없다.

이에 반해 인사노무 관리자(사용자)는 호봉제 임금체계가 못내 못마땅하다.

근속년수가 높으면 해당 근로자의 사업(장)에 대한 소속감, 책임감, 숙련도, 애사심이 늘어날 것이라는 기대는 가능하겠지만 노동생산성은 근속년수에 반비례한다는 연구자료도 자주 보도되고 있다. 노^勞와 사^使의 이해가 충돌하는 지점이다.

호봉제와 성과급제의 다양한 변형

양 체계가 가진 장점을 극대화하고 조화시키고자 하는 의도에서 나온 모델이다. 근속년수에 따른 호봉 테이블은 존재하지만, 자동으로 호봉이 증가하지는 아니하는 시스템이 그것이다. 자동 승호(호봉 승급의 줄임말)를 하지 않는 대신 평가에 기초한 승호의 차이를 둔다. 이 결과 근속년수가 같은 동료 간에 차이가 발생하고 더 나아가 근속년수와 기본 급여가 역전이 되는 경우까지 발생한다. 당연히 급여의 공개는 경영 비밀을 누설하는 것이라는 이유를 들어 공개를 금지한다.

노동조합이 임금교섭을 한다고 하면 조합원의 임금 자료가 수집되어야 하는데, 이를 공개할 수 없다는 사용자의 주장에 사실상 노동조합의 임금교섭이 시작할 수 없는 경우가 발생한다. 노사분규이다. 노^勞와 사^使가 서로 물러설 수 없는 지점이다.

사용자는 근속년수와 자동 승호가 연동되는 것을 공정하지 못한 처사라고 본다. 노동조합이 교섭력으로 임금 상승을 쟁취하고 노사가 합의하는 것은 역량의 문제이지만 근속년수가 많아지면 효율성이 커진다는 그 어떤 근거도 없다고 항변하며 근속년수가 늘면 당연히 임금상승을 하게 하는 것은 기업의 경쟁력을 떨어뜨리고 장기적으로 인건비 상승 부담을 이겨낼 수 없게 되어 사업장의 구조조정을 앞당기는 역할을 하게 된다는 논리를 펼친다.

고용노동부는 어떨까? 매뉴얼 지침으로 직무급, 직능급을 도입해서 호봉제를 개선할 것을 주문한다. 보수정부든 진보정부에서든 고용노동부는 늘 그러한 입장을 표명한다. 때로는 곤혹스러움을 감출 수 없는데, 노동계의 반발이 눈에 보이듯 빤하기 때문이다. 2012년 출범한 중앙 정부의 공정인사지침(저성과자 해고 매뉴얼)은 2017년 출범한 문재인 정부에서 가장 먼저 폐기처분을 당했다. 그렇지만 문재인 정부 노동부에서도 직무급, 직능급으로 호봉제 임금체계를 개선해야 한다는 매뉴얼을 발표했다.

그러면 성과급제를 선호하는 인사노무 관리자는 왜 과감하게 성과급제를 도입하지 않을까? 아니면 못하는 걸까? 무엇이 문제일까?

결론적으로 성과급제의 어려움은 성과를 어떻게 계량화하는가 하는 평가기준의 설정에 있다. 매우 힘든 일이다. 불가능에 가깝다. 만약 업무의 내용이 실적을 수치로 나타낼 수 있는 분야라면, 예를 들어 영업직의 경우에는 성과급을 지급하는 것이 객관적 성과가 전제되므로 가능할 것이다.

하지만 그러한 직종이 아니라면 어떻게 성과의 차이를 수치화할 수 있을까? 생산 단계가 협동작업(자동차 조립 컨베이어 시스템)이라면 그 단계별로 기여도를 측정하기가 쉽지는 않을 것이다.

개인 간 업무의 난이도, 책임성의 차이를 나타내는 기준이 납득할 수 있어야 그에 따른 급여의 차이를 인정할 것이다. 도무지 평가하는 측이나 평가를 받는 측이나 모두 개운치 않다면 성과급제가 오히려 공정성을 해칠 것이다. 무리한 인사관리로 소탐대실할 수 있다. 그러하기에 제조업 생산현장에서는 호봉제가 대세를 이룬다. 사실 근속년수만큼 객관적인 지표는 없다.

노와 사는 타협점을 찾아 화해를 하지만 화해하기가 힘든 지점들이 있다. 그 치열한 노사관계의 현장에서 인사노무관리 전문가, 공인노무사로 만 22년 동안 경력을 쌓은 내게도 객관적이고, 공정하며, 합리적인 평가기준을 마련해달라고 요청하면 그 컨설팅 금액이 아무리 커도 자신감을 가지고 임할 수는 없을 것 같다. 솔직히 그렇다.

실제로 2015년경 평가지표 컨설팅 의뢰가 왔었는데, 15년의 베테랑 공인노무사라는 것은 알았지만 노동단체에서 일하는 줄은 몰랐던 모양이다. 그 제안에 한마디의 대답도 하지 않았고 그 이후 지금까지 소식이 없다.

사용자라면 누구나 강하게 유혹을 느끼는 평가-(임금/승진/성과급) 차이 체계이지만 막상 공정하고, 객관적이고, 합리적이기까지 한 평가기준을 만들어 내서 실행하기란 쉽지 않다. 연공급 체계를 유지하되 호봉승급의 폭을 조정하고, 특별 호봉승급을 활용하는 타협책 또한 넓게 보아 동일한 분란이 있고 갈등은 잠잘 날이 없게 된다.

그렇다면 평가는 어떻게 할 것인가?

① 근무실적 (60%)	평정 요소 평정점	실적의 질 (15점)	실적의 양(15점)	적 시 성 (15점)	업무 개선도 (15점)
	60점 평정점	점			
② 직무 수행 능력(30%)	평정 요소 평정점)	정보화 능력 (6점)	업무 숙지도 (6점)	판단력 (6점)	기획력 (6점) 업무 추진력 (6점)
	30점				
	평정점	점			
③ 직무 수행 태도 (10%)	기준점 : 10점	감 점 : 점		평정점 : 점	

※ 1년 미만 근속자 미적용
※ 해당 기간 2/3 이상 근속자 적용

판도라의 상자, 평가!

기능직으로 취업을 한 지 30년이 된 한 분이 찾아 오셨다. 평가에 대한 불만이 있어서였다. 승진에서 누락된 게 이번으로 세 번째라는 것이다.

승진은 회사로부터 받는 조건(임금, 복지)의 변화뿐만 아니라 사기와 관련된 것이라서 입사 동료는 모두 승급을 하였는데, 본인만이 누락이 되어 (그것도 세 번씩이나) 회사에 다닐 기분이 아니라는 것이다. 스스로 퇴사하라고 종용하는 신호가 아닌가 하는 생각까지 들어 고민이 크다고 한다.

충분히 공감한다. 찾아오신 분은 현장 기능직이다. 30년을 같은 현장에서 일했고, 승진이라고는 하지만 사실상 승급으로 받아들여졌는데 왜냐하면 사원-기사-기장-기정 체제에서 근속년수가 어느 정도 차면 다음의 직급으로 승급을 한다. 승급을 한다고 하더라도 현장직은 관리직의 지휘를 받고 직책이라는 것이 부여되지 않는다. 보직 없이 직급만 다른 이름으로 부여된다. 직급에 따른 별도의 호봉 테이블도 존재하지 않는다. 그야말로 현장직은 단일호봉제이다.

승진제도든 승급제도든 제도가 있으니 기준이 있어야 한다. 그 기준이 몹시 궁금했다. 마침내 승진 기준표를 볼 수 있었다. 승진 점수를 매기는 기준에는 기본적으로 성과 항목이 보였다. 그리고 징계 등 별다른 사항이 있는지를 체크하는 항목이 보였다. 그리고 직급 체류기간이 보였다. 해당 직급에 얼마나 오래 체류하였는가 하는 것인데, 오래될수록 승급의 필요성은 높아진다. 특이한 것이 눈에 띄었다. 리더십이었다. 그리고 외국어 실력이었다.

왜 평가를 해야 할까? 반드시 해야 하는가? 안 하면 안 되는 이유는 뭘까?

기여도에서 차이가 있을 때 그 기여도에 따른 차이를 두지 않는다면 공정하지 못하다. 승진의 경우 선택의 상황에 봉착한다면 선택의 근거가 마련되어 있어야 한다. 성과금을 지급할 때 반드시 필요하다. 2016년 일반해고(저성과자 해고) 지침이 잠시 있었고 언제든 발동할 유혹은 남아 있고 잠재되어 있는데, 이런 경우 평가는 전제되어야 한다. 승진의 기준을 고민한 사례를 아래와 같이 표로 표현해 보았다.

<예시> 승진 기준

상세 점수 기준		배점	Weight	
			5,4,3	2,1
Time In Level (직급체류기간)	80~100% 미만	80	24	
	100%	100	30	
	101%~119%	110	33	
	Above 120%	120	36	
Performance Evaluation (최근 3년) (성과평가)	직전 3년 동안 업무 수행평가 등급의 결과별로 차등 점수 부과	30~100	50	
Award (현(現) 직급 체류기간 내 총 수상 내역)	일회성 성과 Spot 2.5점 업적 성과 Accomplishment 5점	100	20	
English (TOEIC)	450점 이상	100		
	350점 이상	50		
	350점 미만	0		

Job experience (직무 경험)	Team leader experience 1회 이상	50		
	Team Leader 경험 없음	0		
Other points (disciplinary action (징계) 등)	* (직전 1년 이내) 감급 이상의 징계를 받을 경우			
총점 (만점)		100		

위와 같은 기준으로 생산직 현장사원을 평가한다면 그 사원은 어떤 생각을 할까? 우선 영어(TOEIC), 팀리더Team Leader 기준이 생산직 현장사원의 평가기준으로 적합할까? 현장 작업공정에서 영어 구독력이 중요하다면 기본적인 언어능력 테스트로 족할 것인데, 만약 여기서 말하는 영어가 회화를 뜻한다면 적정한 기준으로 보이지 않는다.

본 기준은 중간관리자 이상에게 적용되는 평가기준으로 보인다.

퍼포먼스 에볼루션Performance Evaluation은 그야말로 성과 평가인데 그 평가는 구체적이어야 한다. 구체성이 떨어지는 평가지표라면 모호해서 객관성이 떨어진다. 평가는 목적이 분명해야 하고 최소한 납득할 수 있어야 하고 쓰임새가 적합해야 한다. 종종 평가를 악용해서 부당 노동행위로 처벌을 받는 경우가 있다. 이를 경계해야 한다. 평가기준이 재판裁判으로 이어지기도 한다. 평가에 대한 시비로 사법부司法府 판결에까지 간 사례에서 사법부의 평가기준에 대한 다음의 해석은 참조할 만하다.

직무수행 능력이 부족한지 여부에 대한 판단

1. 판단 기준

판례는 소송이 제기된 해당 사안별로 근로자의 직무 수행능력이 부족한지를 개별적·구체적으로 판단하고 있으며, 대법원이 근로자의 직무 수행능력 부족 여부를 판단하는 체계적이고 구체적인 기준을 직접 제시한 판례는 찾을 수 없다.

대법원은 몇 사례를 통해 원심 법원이 언급하였던 직무 수행능력 부족 여부의 판단 기준을 그대로 인정한 바 있으며, 이를 아래와 같이 사무직과 영업직 근로자로 나누어 살펴볼 수 있다.

(1) 사무직 근로자 사례

판례(대판 2002. 7. 26, 2000두9113)는 직무 수행능력 부족이나 근무태도 불량은 사용자의 자의적 판단이 문제 될 수 있음을 지적하면서, 사용자가 객관적인 자료에 의해 근로자의 직무 수행능력 부족이나 근무태도 불량을 입증해야 함을 지적하였다. 이 사안에서 판례는 '직무 수행능력'이나 '근무태도' 자체가 근로자의 능력이나 태도에 대한 일반적이고 추상적인 평가를 전제로 하므로, 근로자의 직무 수행능력이 부족한지는 "인사고과 결과, 업무실적, 출결 상황, 상급자나 동료 근로자의 해당 근로자에 대한 평가 등의 자료를 종합적으로 고려하여 판단"하여야 함을 제시하였다. 판례(대판 2013. 1. 15, 2012두21369)는 단순히 인사고과에서 하위 일정 비율에 속한다는 이유로 한 해고는 그 정당성을 인정하기 어렵고 "근무성적이 현저하게 나쁜 것이 증명되는 경우"에만 해고의 사유가 될 수 있다는 입장을 밝히고 있다. 같은 취지에서 판례(대판 2007. 2. 9, 2006두18287)는 상대평가로 실시된 인사고과에서 최하위 등급을 받은 것만으로는 해당 근로자의 업무능력이 객관적으로 불량하다고 단정할 수 없음을 지적한 바 있다.

(2) 영업직 근로자 사례

판례(대판 1991. 3. 27, 90다카25420)는 근로자의 업무실적이 다른 근로자에 비하여 상대적으로 낮은 정도가 아니라 "근로자의 직위, 보수, 근무경력, 다른 근로자의 전반적인 근로 성적 등 제반 사정을 참작하여, 일반적으로 기대되는 최소한의 실적에도 미치지 못하는 정도"에 해당해야 근로자로서 최소한도의 직무 수행능력이 결여되었음이 인정된다고 한다. 따라서 판례(대판 2014. 2. 27, 2013두24273)는 사용자가 근로자를 채용할 당시 해당 근로자의 경력이나 근무 분야, 업무 경험에 대해 알고 있으면서도 다른 분야의 업무를 부여하고 얼마 지나지 않아 업무능력이 부족하다고 판단한 것은 부당하다고 한다. 또한 하급심 판례(대전지판 2015. 1. 8, 2014구합101339)는 사용자가 경력직으로 신규 채용한 근로자에게 새로운 분야의 영업 업무를 담당하도록 하였으면서, 단지 1년간 영업실적이 없다는 이유로 해고될 정도로 해당 근로자의 업무능력이 저조하거나 근무성적이 불량하다고 판단할 수 없다고 하였다.

한편, 하급심 판례(서울고판 2013. 4. 25, 2012구합17414)는 판매 서비스직인 마트 계산원이었던 근로자가 2회 연속해서 최하위 고과를 받은 것은 회사 취업규칙에 정해진 일반해고 사유에 해당한다고 인정한 사례가 있다.

판사의 근무성적평정에 관한 대법원규칙 위헌소원
[2016. 9. 29. 2015헌바331]

판사의 근무성적을 연임 결격사유의 평가 요소의 하나로 규정한 것이 법관의 독립을 해칠 우려가 없는지가 문제 될 수 있으나, 사법의 독립과 책임성을 담보하기 위해서는 최선의 인적 자원으로 사법부를 구성할 필요가 있으며 이를 위해 판사에 대한 평가기준이 객관적이어야 하는데, 판사의 근무성적에 대한 평가 없이는 판사로서 정상적인 직무를 수행할 수 없는 자를 그 직에서 배제하여 사법의 책임성을 실현하려는 목적을 달성하기 어렵다. 특히 판사의 근무성적은 그것이 공정한 기준에 따를 경우 판사의 사법 운영능력을 판단하면서 다른 요소에 비하여 보다 객관적인 기준으로 작용할 수 있고, 이를 통해 국민의 재판청구권의 실질적 보장에도 이바지할 수 있다. 나아가 연임심사에 반영되는 판사의 근무성적에 대한 평가는 10년이라는 장기간 반복적으로 실시되어 누적된 것이므로, 단기간이나 일회적으로 이루어진 특정 업무에 대한 평가와 달리 평정권자의 자의적인 평가를 통해 특정 가치관을 가진 판사를 연임에서 배제하는 수단으로 남용될 우려가 크다고 볼 수 없다.

물론 판사가 근무성적에 대한 평정 결과 및 연임 여부에 연연할 경우 양심에 따라 독립하여 재판하는 것을 기대할 수 없다는 측면에서 사법부 내부에서의 법관의 독립이 문제 될 수 있다. 그러나 근무성적평정을 실제로 운용함에서는 재판의 독립성을 해칠 우려가 있는 사항을 평정 사항에서 제외하는 등(판사 근무성적평정 규칙 제4조 제2항) 평정 사항을 한정하여 이러한 가능성을 최소화할 수 있으며, 실제 연임 심사과정에서 해당 판사에게 의견 진술권 및 자료제출권이 보장되고, 연임하지 않기로 한 결정에 불복하여 행정소송으로 취소를 구할 수 있는 점 등을 고려할 때, 이 사건 연임 결격 조항으로 인해 판사의 신분보장과 관련한 예측 가능성이나 절차상의 보장이 현저히 미흡하다고 볼 수도 없다.

결국 이 사건 연임 결격 조항의 취지, 연임 사유로 고려되는 근무성적평정의 대상 기간, 평정 사항의 제한, 연임심사 과정에서의 절차적 보장 등을 종합적으로 고려하면, 이 사건 연임 결격조항이 근무성적이 현저히 불량하여 판사로서의 정상적인 직무를 수행할 수 없는 판사를 연임할 수 없도록 규정하였다는 점만으로 사법의 독립을 침해한다고 볼 수 없다.

근무성적 평정제도의 깊은 고민

근무성적勤務成績 평정제도評定制度는 조직 구성원의 근무실적이나 능력, 성격과 적성, 근무태도 및 발전성 등을 체계적, 객관적, 정기적으로 평가하여 공정한 인사관리의 기초자료를 제공하는 인사행정 활동이다.

근무성적 평정제도의 공정성 확보는 조직 구성원에게 노력이 공정한 보상으로 이어질 것이라는 기대감을 주며, 나아가 자발적 능력 발휘 등을 촉진시키는 계기가 됨은 물론 조직의 성과를 제고시키는 데에도 결정적 역할을 하게 된다는 점에서 그 중요성이 있다고 할 수 있다.

공정성公正性은 분배 공정성, 절차 공정성, 상호작용 공정성으로 구분한다. ① 분배 공정성 제고 방안으로는 합리적인 평가척도 개발의 필요성과 근무성적 평정 결과 활용을 확대할 것이 필요하고, ② 절차 공정성 제고 방안으로는, 근무성적 평정 범위의 개선과 함께 평정자 교육 훈련을 강화할 것, 근무성적 평정 결과를 공개할 것, 그리고 다면평가제를 확대할 것이 필요하며, ③ 상호작용 공정성 제고 방안으로는 근무성적 평정권자와 심사 승진인사권자의 관계 설정이 중요하다.

하나 더 지방공무원 인사평정규칙은 제3조(평정의 기준)에서 근무성적의 평정(이하 "평정"이라 한다)은 피^被 평정자의 일정한 기간의 근무실적·근무 수행능력 및 근무 수행 태도와 당해 피^被 평정자의 성품 및 그 장래성에 관하여 평정함을 전제로 세 가지 기준을 제시한다. ① 신뢰성 및 타당성이 보장되도록 하여야 하며, 평정자의 주관을 배제하고 객관적으로 평정할 것. ② 평정기준은 병과와 계급별로 달리 할 것. 다만, 부득이한 경우에는 같은 평정기준에 의할 수 있음. ③ 피 평정자가 일정한 기간 담당하였던 직무의 내용과 곤란성 및 책임의 정도를 고려하여야 하며, 과대 또는 과소 평가나 추상적 평가를 하지 아니할 것이 그것이다.

다시 실적 평정과 능력 평정을 도식화해 보도록 하자.

실적 평정

일련번호	성과 목표 또는 단위 과제	업무 비중(%) ㉮	주요 실적	평정 요소				소계 점수
				업무 난이도 (10점) ㉯	완성도 (20점) ㉰	적시성 (20점) ㉱	합산 점수	
1								
2								

3								
4								
추가업무								
추가업무								
총점								

능력 평정

일련 번호	평정 요소	요소별 배점	내용	평정등급	소계
1	기획력	9점	• 창의적인 시각을 가지고 문제를 예측하고 실행 가능한 계획을 만든다. • 효과적인 설명이 가능하도록 일목요연한 계획을 만든다.	① ② ③ ④ ⑤	
2	의사 전달력	6점	• 표현이 간결하면서도 논점이 빠지지 않도록 문서를 만 든다. • 논리적이면서 설득력 있는 말로 설명을 한다.	① ② ③ ④ ⑤	
3	협상력	6점	• 상대방의 의도를 적절히 파악하여 자신의 입장을 설득 한다. • 서로 상반되는 이해관계에 대하여 효과적으로 조정을 한다.	① ② ③ ④ ⑤	
4	추진력	5점	• 맡은 업무에 책임감을 가지고 목적한 바를 완수한다. • 열정을 가지고 환경적인 불리함을 극복한다.	① ② ③ ④ ⑤	
5	신속성	5점	• 계획된 일정에 따라 지연됨이 없이 일을 처리한다. • 주어진 과제에 대한 집중력을 가지고 예상되는 소요 시 간보다 빨리 일을 처리한다.	① ② ③ ④ ⑤	
6	팀워크	8점	• 타인을 존중하며 팀원들과 협조적인 분위기를 만든다. • 타인의 적절한 요구와 건설적인 비판을 수용한다. • 조직의 성과를 중요시 하며, 다른 부서 및 타인과 협업 하여 일을 처리한다.	① ② ③ ④ ⑤	
7	성실성	5점	• 지각·조퇴·결근 등 조직 운영에 장애가 되는 행위를 하지 않는다. • 맡은 업무 및 조직의 발전에 헌신적인 자세를 갖는다.	① ② ③ ④ ⑤	
8	고객· 수혜자 지향	6점	• 업무와 관련하여 국민이나 내부 수혜자가 원하는 바를 이해하며, 그들의 요구를 충족하도록 배려하는 능력이 있다. • 업무 추진 시 정책 고객의 다양한 의견을 적극적으로 청취한다.	① ② ③ ④ ⑤	
총점					

평가는 동서고금을 막론하고 언제나 있었다. 물론 지금도 그렇다. 앞으로도 그럴 것이다. 근무성적 평정제도는 조선시대에도 있었다. 왕명을 출납하는 기관으로, 지금 청와대 비서실 역할을 했던 승정원이 기록한 승정원일기에 그런 내용이 나온다. 승정원일기는 3,200여 책으로 세계 최대의 분량이며 세계문화유산으로 등재돼 있다.

조선시대에는 매년 6월과 12월 두 차례 근무 평가를 한 것으로 기록돼 있다. 그 중앙기관은 당상관(현재 장·차관급)이, 지방에는 관찰사(도지사)가 평가했다. 평정 내용을 간단하게 기록하고 상·중·하 3가지 등급으로 했다. 그 결과를 임금에게 올리면 임금은 그 내용을 보고 업무성적이 불량한 '하' 등급은 파직을 명하기도 했다. 또 평정 내용을 보고 등급을 하향 조정하기도 하고 평정자가 부하 직원을 봐 주기 식으로 제대로 평가하지 않으면 추궁도 했다고 한다.

수 년 전까지만 해도 공직사회에서는 조선시대처럼 6월과 12월에 실시했으나 지금은 상·하반기 정기인사에 일정을 맞추기 위해 4월과 10월에 시행하고 있다. 근무평정으로 실적을 평가하고 인사자료로 활용하는 맥락은 과거와 같다고 볼 수 있다. 평가 방법은 직원의 경우 상급자, 즉 팀장, 과장, 국장을 거쳐 평정을 받게 되고 각 부서에서 올라온 자료를 인사부서에서 총괄적으로 집계, 조정해 직렬별로 전체 승진 후보자 순위를 정하게 된다.

근무성적 평정의 핵심은 평가의 객관성^{客觀性} 확보이다.

주관이 배제되고 평가의 목적과 부합하면 일단 공정성^{公正性}과 합리성^{合理性}을 갖추게 된다.

화합, 협동은 제1의 평가기준

이 모든 고민을 통해 여전히 해소되지 않는 평가기준의 문제는 평가지표에 화합, 협동심이라는 기준이 등장하지 않으며 비록 등장한다고 해도 큰 비중을 두지 않고 있다는 사실이다.

화합은 단합과 구별해야 한다. 진정한 화합은 자주성을 버린 개념이 아니다. 무조건 단결이 아니다. 동이불화^{同而不和}가 아니라 화이부동^{和而不同}! 주체성, 주인의식을 잃지 않는 개체가 연대하고 협동한다는 의미이다.

구성원 각자가 자율성을 가지고 있으면서 화합해 나아가는 직장문화, 그런 직장이 제대로 된 건강한 직장이라는 것은 동서고금을 막론하고 검증된 바이다.

20대 중반 삼성문고 전집을 읽었던 적이 있는데, 그중에 14세기에 살았던 아라비아의 역사철학자 이븐 할둔^{Ibn Khaldun}의 『역사서설^(무캇다마Muqqadama)』란 책이 기억에 남는다. 몇 페이지인지 기억이 뚜렷하지 않지만, 상단에 두 줄로 적힌 문장이 눈에 들어왔다. 임금을 지급하는 자와 임금을 받는 자의 태도의 차이를 두 줄로 기술한 것이었다.

이 두 줄의 문구를 표로 만들어 보았다.

이븐 할둔 『역사서설』

구분	업무지향성(B형) 관계지향성(C형)	
손익	업무지향성 협동심은 적지만 개인의 경쟁력이 뛰어난 사람 (B)	믿음도 가질 수 있고 이득도 되는 사람 (D)
	믿을 수도 없고 이득도 안 되는 사람 (A)	관계지향성 믿을 수는 있으나 이득이 되지 않는 사람 (C)
	신뢰	

사용자가 직원에 대해 갖게 될 두 가지 가치인 신뢰, 경제적 이익이라는 두 가치 중 어느 것을 중요시 해야 할까? 이를 설명하기 위해 가로축은 신뢰(협동)의 가치, 세로축은 경제적인 손해이익으로 해서 네 개의 섹터sector를 만들었다.

사용자의 관점에서 A는 두 가지 가치 모두 만족스럽지 못한 구성원(종업원)이 여기에 속한다. 이런 부류의 직원에게는 징계의 유혹이 따르고 경영상의 긴박한 상황에 이르게 되면 사용자에게는 정리해고 1순위가 된다.

D의 경우는 신뢰, 경제적 이익 모두 충족하고 만족스러운 부류

이다. 그런데 과연 이런 부류가 현실적으로 존재할 것인지 의문이다.

근속년수에 비례한 호봉제 임금체계가 불만족스러울 수 있으나 신뢰(화합 협동)도 잘 발휘하여 리더로서 활약할 가능성이 있다.

C의 경우는 화합, 협동의 가치는 좋지만, 사용자에게 경제적 이익을 주는 데는 부족한 부류이다. 나쁘게 말하면 사용자에게는 인성은 좋을지 모르나 급여에 미치지 못하는 까닭에 불만스러운 존재이다.

B의 경우는 동료와의 화합, 협동심은 떨어지지만, 개인의 경쟁력이 뛰어난 부류이다.

이븐 할둔이 『무캇다마』에서 말하고자 하는 결론은 다음과 같다.

급여를 지급하는 사용자는 경제적인 이익이 우선이다. 종교, 사회복지사업을 수행하는 곳에서조차 사용자의 시각에서는 경쟁력을 발휘해서 경제적인 이득을 가져오는 것이 우선이고 협동심, 화합의 가치는 그 다음이라는 것이다. 사유재산, 자유시장경제체제에서 자본가가 취할 태도는 말할 필요가 없다.

그런데 종업원의 경우는 어떨까? 그 반대일 것이다. 자유시장경제체제에서 근로자가 취할 도덕적 태도(업무 수행 태도)와 능력의 지표는 협동과 화합의 가치가 우선이다. 적어도 근로자의 단결체인 노동조합은 먼저 단결, 연대, 화합, 협동, 신뢰 가치가 우선이다.

현실사회에서는 이 두 가치의 갈등이 상존한다. 인간사회는 경쟁과 협력, 협력과 경쟁이 공존한다. 직장 또한 그렇다.

다음과 같이 결론을 내리고자 한다. 여기서 신뢰 가치 일원론을 말하는 것이 아니다.

① 경쟁-협력 두 가치의 조화를 말하려 한다. 결국 B냐 C냐의 선택(선택은 배제이므로)의 문제가 아니라 B와 C의 접점에서 D의 방향으로 끌어가려는 부단한 노력이 인사노무관리가 할 일이다.

② A 유형에 대해서는 교육 훈련이 시급하다. 중대하고 시급한 일이다. 방치하면 큰 화가 미친다.

③ 성과가 높아도 화합하지 못하는 자가 만들어 낼 불화 효과는 후회막심하게 만든다.

④ 위와 같은 유형을 구분하려고 애를 쓰지 않는 것이 좋다. 강제 배분으로 A 유형을 애써 끄집어 내려고 해서는 안 된다.

⑤ D 유형은 현실에서는 존재하기 힘들다는 것을 인정해야 한다.

통계수치는 말하고 있다

언제부턴가 사라진 협약임금 통계

190억 달러에 이르는 IMF 자금을 기적적으로 청산한 직후인 2000년 3월, 공인노무사 연수로 3개월간 지역노동단체에서 시간제 근무를 하던 시절에 있었던 일이다. 사무실 벽에는 2000년도 '임단협 타결 현황표'가 붙어 있었고, 단위조직(노동조합)별로 임금 단체협약 주요 요구 내용, 교섭요구일, 현재 상황, 합의일, 타결 내용이 적혀 있었다.

노사간 제도 관련 단체협약은 별로 보이지 않고 주로 임금교섭이 주를 이루었다. 그리고 하기휴가 이전 타결 목표에 늦어도 추석 전에는 합의를 해서 10월경에는 파업에 돌입하는 노동조합이 발생하는 경우가 있었다. 11월에는 협약임금 통계가 나왔다. 올해는 얼마나 했다, 몇 %를 인상했다는 실적에 관한 것들이 보고,

공유, 회의의 주요 내용이었다.

1987년 봇물처럼 설립한 노동조합을 중심으로 임금협약률은 두 자리 숫자도 적지 않았다. 학자금, 주택융자, 명절 귀향비, 상여금, 성과급 등을 포함하면 임금 인상률 통계를 내기가 버거울 정도였다.

그런 시절로부터 10여 년이 지난 2010년 이후에는 기업별로 임금 인상폭이 대폭 줄었다. 2008년 미국에서 촉발된 금융위기 (subprime mortgage crisis)의 영향도 있었다. 임금 인상, 예를 들어 기본급 인상은 복리複利이다. 단리單利가 아니다.

예를 들어 5년에 걸쳐 10%씩 기본급 인상을 했다고 하면 첫해에 대비해 61% 인상이다. 기본급의 상승은 기본급을 기준으로 하는 정기상여금의 인상을 가져온다. 가산임금, 연차수당, 퇴직금까지 인상된다. 저임금 노동 착취가 있었다 치더라도 기업이 감당하는 데에는 한계가 있다. 임계점臨界點이 있다. 여기에다 호봉제 임금체계를 채택하는 경우에는 자동적으로 상승하는 임금 인상분이 또 있다.

협약임금, 지역/전국 통계가 사라졌다

노동조합은 자동 임금인상은 제외하고 협약임금 인상만 임금

인상이라고 주장한다.

조직력을 바탕으로 한 투쟁으로, 교섭력으로 쟁취한 협약임금 인상분만을 임금 인상으로 보고한다. 그러다가 서서히 실질임금 상승분을 보고한다. 즉 자동 임금인상분(승호)까지 합해서 올해에는 이만큼의 임금인상을 쟁취하였다고 보고한다.

그러다가 그런 보고도 2010년대 중반에 이르면 사라진다. 통계를 잡지도 않는다. 2000년부터 10여 년 동안 임금인상 통계치를 산출해왔던 내 업무가 사라진 것이다. 이유는 이렇다.

1) 보고를 하지 않는다. 보고 지침을 보내면서 표를 만들어서 자세하게 적고, 여기에 기입을 해서 회신해 줄 것을 요청하는 지침을 시달하지만 답변이 없다.

2) 기준이 모호하다. 통계치를 내려면 기본급(월급 또는 시급)인지, 통상급인지, 총액 임금인지가 일치해야 한다. 그런데 보고 또는 탐문을 해서 자료를 수집해보면 기준이 제각각이다. 통계를 낸다는 것이 더욱 어려워졌다.

3) 성과급 인상 요구가 임금협약의 전부인 사업장이 출생하고 아예 기본급 인상은 물가상승률을 기준으로 사전에 확정한 사업장도 나왔다. 고임금 사업장의 경우 이러한 기준이 노사 간 합의

로 만들어지기도 한다. 사실상 임금은 영업실적에 따른 성과급으로 결정되는 구조에 다다른 마당에 기본급 통상급 인상 협약임금률을 공통의 기준으로 해서 지역의 근로자 조합원 임금인상 통계를 낸다는 것은 현실성 없는 것이 되었다. 통계를 내고 발표한다면 통계의 오류 지적에 따른 창피를 면치 못하게 될 것이다.

4) 최저시급의 영향이다. 최저시급이 기준임금으로 되어버린 사업장이 급속하게 늘었다. 최저시급 1만 원이 가시권에 들어온 것은 2010년대 말이다. 최저시급이 1만 원이면 1일 8시간, 1주 40시간인 사업장의 월 환산 최저임금은 209만 원이다. 임금협약을 최저임금 심의위원회에서 하는 격이다. 최저시급은 그야말로 최저시급이지 기준시급이 아니라는 인식은 점점 사라지고 있다. 10% 조직된 근로자의 협약임금 상승률은 일반시민에게는 불평등 사회의 증표로 인식되고 있고 최저임금 인상률이 여론의 주요 관심사가 되고 있다.

5) 전반적인 상황이 이렇다 보니 매년 3월, 빠르면 2월말 중앙에서 발표하는 공동 임단투 지침의 관심도가 급격하게 떨어졌다. 아예 관심 밖이다. 고임금 사업장에는 아예 적용되지도 않고 10%에 가까운 인상 지침과 표준생계비 산출 내역에 선뜻 동의하지 않는다. 지역별로 순회하면서 설명하던 임금인상률 지침

설명회는 어느 순간 사라졌고, 이에 대해 문제를 제기하지도 않는다.

6) 기업별 노동조합 체제와 산업별 노동조합 체제의 이원화 현상이다. 산업별 노동조합 체제에서는 기업을 뛰어넘는 임금 등 노동조건 체제의 틀을 마련하는 논의가 공동교섭 현장에서 공론화되고 합의 이후 지역 또는 국가 차원에서 공동으로 적용이 되지만, 기업별 노동조합 체제에서는 상급단체가 단위의 노사 자율에 막혀 개입할 영역이 대폭 줄어든다. 연대 단체가 단위에 대해 보험 관계 정도 차원에서 단위의 요청이 있을 경우에만 지원과 지도가 가능한 체제이다. 임금 관련은 기업의 경영정보라는 이유로 공개되지 않는 한계도 안고 있다.

안전한 일터에서 일하고 싶다!

산업현장의 재해 사실을 사회조사 방법론은 통계 수치로 여과 없이 보여 주고 있다.

아래는 2020년, 2021년 고용노동부 발표 산재 통계자료이다.

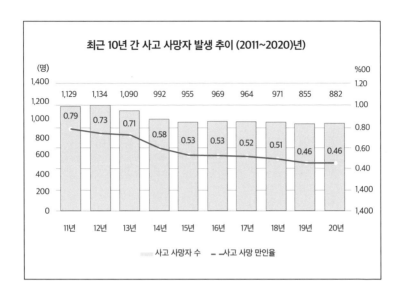

최근 10년 간 사고 사망자 발생 추이 (2011~2020)년

전체 산업 재해 발생 현황

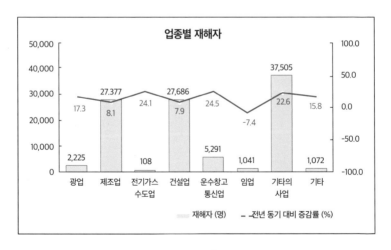

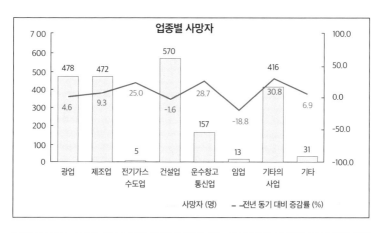

업종별 사망자

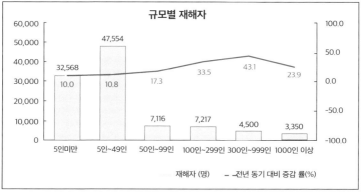

규모별 재해자

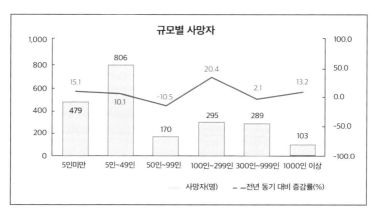

규모별 사망자

사고 재해 발생 현황

업종별 재해자

	광업	제조업	전기가스 수도업	건설업	운수창고 통신업	임업	기타의 사업	기타
재해자 (명)	195	22,958	96	26,486	4,777	1,018	34,339	963
전년 동기 대비 증감률 (%)	23.4	6.0	29.7	7.2	22..2	-6.9	21.7	17.3

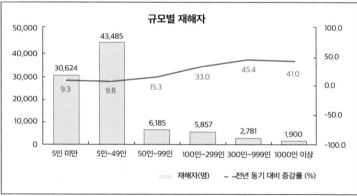

규모별 재해자

	5인 미만	5인~49인	50인~99인	100인~299인	300인~999인	1000인 이상
재해자(명)	30,624	43,485	6,185	5,857	2,781	1,900
전년 동기 대비 증감률 (%)	9.3	9.8	15.3	33.0	45.4	41.0

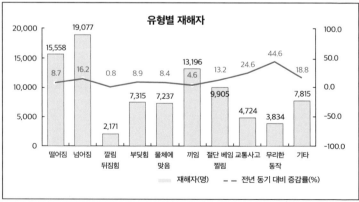

유형별 재해자

	떨어짐	넘어짐	깔림 뒤집힘	부딪힘	물체에 맞음	끼임	절단 베임 찔림	교통사고	무리한 동작	기타
재해자(명)	15,558	19,077	2,171	7,315	7,237	13,196	9,905	4,724	3,834	7,815
전년 동기 대비 증감률(%)	8.7	16.2	0.8	8.9	8.4	4.6	13.2	24.6	44.6	18.8

업무상 사고 사망 재해 발생 현황

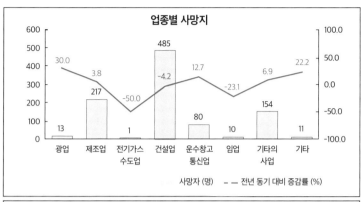

업종별 사망지

광업	제조업	전기가스수도업	건설업	운수창고통신업	임업	기타의사업	기타
13	217	1	485	80	10	154	11
30.0	3.8	-50.0	-4.2	12.7	-23.1	6.9	22.2

사망자 (명)   – – 전년 동기 대비 증감률 (%)

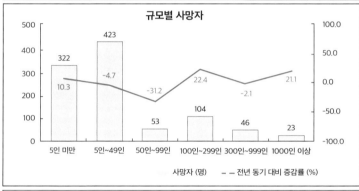

규모별 사망자

5인 미만	5인~49인	50인~99인	100인~299인	300인~999인	1000인 이상
322	423	53	104	46	23
10.3	-4.7	-31.2	22.4	-2.1	21.1

사망자 (명)   – – 전년 동기 대비 증감률 (%)

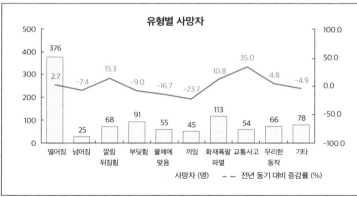

유형별 사망자

떨어짐	넘어짐	깔림뒤집힘	부딪힘	물체에맞음	끼임	화재폭발파열	교통사고	무리한동작	기타
376	25	68	91	55	45	113	54	66	78
2.7	-7.4	15.3	-9.0	-16.7	-23.7	10.8	35.0	4.8	-4.9

사망자 (명)   – – 전년 동기 대비 증감률 (%)

업무상 질병 재해 발생 현황

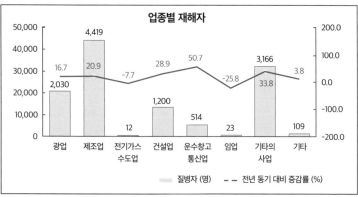

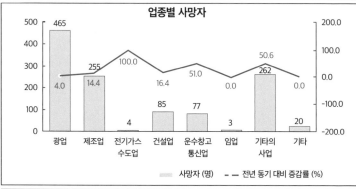

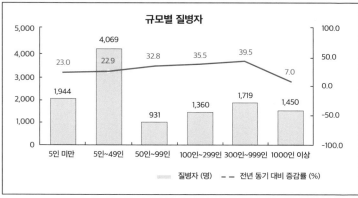

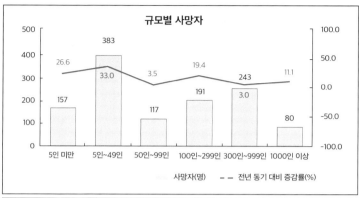

규모별 사망자

	5인 미만	5인~49인	50인~99인	100인~299인	300인~999인	1000인 이상
사망자(명)	157	383	117	191	243	80
전년 동기 대비 증감률(%)	26.6	33.0	3.5	19.4	3.0	11.1

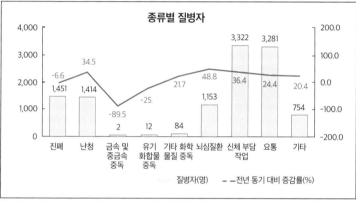

종류별 질병자

	진폐	난청	금속 및 중금속 중독	유기화합물 중독	기타 화학물질 중독	뇌심질환	신체 부담 작업	요통	기타
질병자(명)	1,451	1,414	2	12	84	1,153	3,322	3,281	754
전년 동기 대비 증감률(%)	-6.6	34.5	-89.5	-25.	21.7	48.8	36.4	24.4	20.4

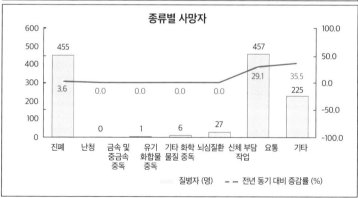

종류별 사망자

	진폐	난청	금속 및 중금속 중독	유기화합물 중독	기타 화학물질 중독	뇌심질환	신체 부담 작업	요통	기타
질병자 (명)	455	0	1	6	27		457		225
전년 동기 대비 증감률 (%)	3.6	0.0	0.0	0.0	0.0		29.1		35.5

이 통계 그래프를 통해 적지 않은 것들을 확인할 수 있다.

① 지난 10년 간 산재 사망자 숫자가 꾸준하게 감소하고 있다. 사망 만인률(전체 근로자 10,000명 대비 업무상 사망자 숫자)도 이와 동일하게 꾸준히 감소하는 추이를 보여 주고 있다.

② 재해자 숫자 및 사망자 숫자에서 50인 미만 사업장의 비율이 아주 높다는 사실을 알 수 있다. 현행 산업안전보건법령은 100인 이상 사업장에 한해 노사협의회와 별도의 산업안전보건위원회 설치를 강제하고 있다.(예외로 화학물질 취급 등의 사업장은 50인 이상 사업장에 산업안전보건위원회를 설치할 의무가 있다.) 해당 소규모 사업장이 원청에 대해 하청의 지위에 있는 경우는 더욱 취약하다.

③ 사고 사망자의 숫자가 가장 높은 업종은 건설建設업종이다. 건설업종 종사 근로자는 가장 위험에 노출되어 있다. 옥외 근무이며 혹서기 혹한기에도 불구하고 계속 근로를 해야 하는 가장 취약한 업종이다.

④ 질병 재해자는 근골격계질환자筋骨格系疾患者 비율이 높다. 그런데 업무상 질병 사망자 숫자는 뇌심혈관계 질환 사망자 숫자가 가장 많다. 뇌심혈관계질환의 예방 대책이 중요함을 말한다. 일단 징후가 나타나면 이미 많이 진행된 경우가 많다. 신경기능, 정

신기능의 장해이기에 중대한 노동력 상실로 이어진다. 완치 가능성도 낮다. 발생에는 어느 사업장에도 예외가 없다. 발병자의 연령도 낮아지고 있다.

산재보험료는 사용자가 전적으로 부담한다. 치료 중 현물 급여인 요양급여에서 비급여 항목에 대해서는 재해를 입은 근로자가 부담하느냐 여부에 논란이 많고 불만이 많다. 근로복지공단에서 부담하지 않아서 이를 사용자가 부담할 수만 있다면 좋겠지만 그렇지 못한 경우, 치료 중인 재해자가 부담하게 되는 안타까운 상황이 발생한다. 상황이 이런지라 보험 재정의 문제라면 사용자가 산재보험료를 전담할 것이 아니라 근로자도 일정 부분 산재보험료를 부담하게 하자는 제안을 제시한 적이 있다.

고령화, 산업구조의 변화

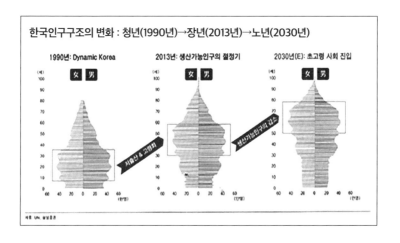

현장에서 기록한 노동학 이슈 • 207

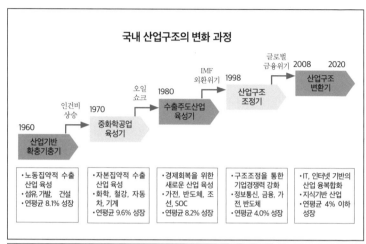

국내 산업구조의 변화 과정

1960 산업기반 확충기충기	1970 중화학공업 육성기	1980 수출주도산업 육성기	1998 산업구조 조정기	2008 2020 산업구조 변환기
• 노동집약적 수출 산업 육성 • 섬유, 기발, 건설 • 연평균 8.1% 성장	• 자본집약적 수출 산업 육성 • 화학, 철강, 자동차, 기계 • 연평균 9.6% 성장	• 경제회복을 위한 새로운 산업 육성 • 가전, 반도체, 조선, SOC • 연평균 8.2% 성장	• 구조조정을 통한 기업경쟁력 강화 • 정보통신, 금융, 가전, 반도체 • 연평균 4.0% 성장	• IT, 인터넷 기반의 산업 융복합화 • 지식기반 산업 • 연평균 4% 이하 성장

인구수 변화 추이

통계청에서 발표한 보고자료 「내외국인 인구전망 2017~2040」에 따르면 한국은 5년 내에 초고령화 사회에 들어가게 된다. (65세 비율 20% 이상) 인구증가율이 크게 둔화되었음을 볼 수 있다.

고령화는 산업구조 전반에 걸쳐 지대한 변화를 준다. 인구 구조의 변화는 총 부가가치(GDP) 및 고용 측면에서 제조업이 차지하는 비중을 줄이고, 서비스업의 비중은 늘리는 방향으로 작용한다는 것을 보여 주고 있다.

업종별로는 제조업 내에서 섬유·가죽업-저기술 제조업 부문의 비중이 크게 줄고, 서비스업 내에서 보건·복지업과 사업 서비스업이 대폭 상승할 것이 예상된다. 수요 증감과 고용 증감이 시차를 두고 나타나고 이것이 생산성 증감으로 이어진다.

고령화에 대응하여 산업구조가 효율적으로 개편되도록 유도할 필요가 있다. 저기술 제조업 부문은 충격을 완화해 가면서 구조조정을 추진해야 하며, 보건·복지업과 사업 서비스업 등의 경우 수요 증대에 맞추어 공급 능력을 높여야 할 것이다. 고령화는 업종별로 노동력이 부족한 부문과 그렇지 않은 부문이 있을 가능성이 크므로 이를 반영하여 장기 노동수급 계획을 수립할 필요가 있다. 고기술 제조업 부문과 공공행정업, 금융·보험업, 운수·보관업, 사업 서비스업 등 상당수 서비스업의 경우 인구 구조가 변화하는 과정에서 수요 대비 고용이 비탄력적으로 대응할 가능성이 있으므로 이에 유의해야 한다.

향후 AI 발달에 따라 산업별 부가가치 비중 및 고용 비중이 크게 변화할 가능성이 있는 만큼 이를 고려해서 산업구조 변화를 전망해야 한다.

수도권 인구집중, 지방공동화 지방 소멸

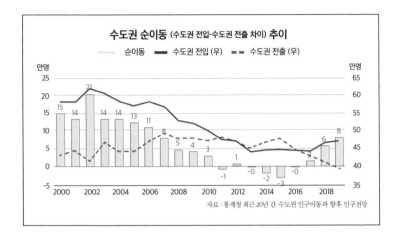

수도권 순이동 (수도권 전입-수도권 전출 차이) 추이

순이동 ▬ 수도권 전입 (우) ▬ ▬ 수도권 전출 (우)

자료 : 통계청 최근 20년 간 수도권 인구이동과 향후 인구전망

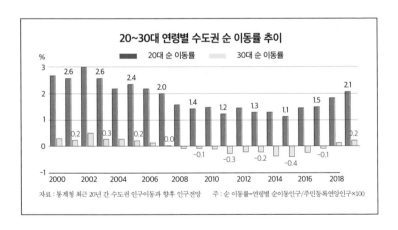

20~30대 연령별 수도권 순 이동률 추이

■ 20대 순 이동률　■ 30대 순 이동률

자료 : 통계청 최근 20년 간 수도권 인구이동과 향후 인구전망　　　주 : 순 이동률=연령별 순이동인구/주민등록연앙인구×100

고용 없는 성장이 지속된다. 산업사회의 자동화, 첨단기술의 생산성이 인간의 노동을 뛰어넘고 대체를 가속화하고 있을 뿐 아니라 단순노동은 외국인 근로자가 담당하고 있다. 취업, 결혼, 출산을 포기하는 청년을 3포 세대라고 부르기도 하는데, 취업난과 장기화된 경기 불황으로 연애, 결혼, 출산, 내집 마련, 인간관계 5가지를 포기한 5포 세대 얘기도 나온다.

2015년 취업포털 〈사람인〉이 2030세대 2,880명을 대상으로 실시한 온라인 설문조사에서 '연애, 결혼, 출산, 대인관계, 내집 마련 중 포기한 것이 있는가?'라는 질문에 1,660명(57.6퍼센트)이 '있다'는 답을 했다.

항목별로 포기한 이유를 살펴보면, 연애는 '내가 하고 싶다고 되는 게 아니라서'(57.5%), 결혼은 '주택 마련 등 해야 할 것이 많아서'(49.8%), 출산은 '경제적 부담이 너무 커서'(72.8%), 대인관계는 '취업 등 당장 더 급한 게 있어서'(53%), 내집 마련은 '어차피 현실적으로 불가능해서'(73%)를 각각 1순위로 꼽았다.

같은 해 시장조사 전문기업 〈마크로밀엠브레인〉의 트렌드 모니터가 전국 만 19~59세 남녀 1,000명을 대상으로 실시한 설문조사 결과를 보면, 전체 10명 중 6명이 현재의 20대와 30대가 '5포 세대'로 표현되는 것에 동의하고 있는 것으로 나타났다. 20대와 30대 청년세대만을 대상(500명)으로 조사한 결과에서는 청년세대의 36%가 자신을 5포 세대에 속한다고 평가했다. 자신을 5포 세대라고 생각하는 비중은 20대 여성에서 가장 높게 나타났으며, 20대 남성과 30대 남성, 30대 여성이 뒤를 이었다.

청년층 전반의 인식에 있어서 심각한 문제점을 드러냈다는 사실이 놀랍다. 이에 청년층의 수도권 집중 현상은 극심하다. 지방의 소멸이 현실이 되고 있다. 노동학의 관점에서도 유심히 보고 있는 부분이다.

노동 총량이 적은 것이 아니다. 편중 현상이 문제이다. 문제가 곪아 터지면 자연적으로 해결책을 찾게 되고, 사회 주체는 합리적合理的 기대 요인으로서 적응하게 될 것이라는 진단은 무책임하다. 이러한 추세로 가면 수도권의 부동산 가격은 그 어떤 대책에도 해결책을 찾아내기 어려울 것으로 보인다.

MZ 세대의 인식이 고령화, AI 4차산업혁명, 고용없는 성장, 수도권 집중으로 인한 지방의 소멸의 독립변수(원인)인지 아니면 종속변수(결과)인지는 단편적으로 판단할 수 없을 것 같다. 인과관계가 복합적이다. 교육·문화·교통·통신의 발달 등 국가 사회체제의 다양한 요인을 종합적으로 보아야 그 원인을 정확히 진단하고 해법을 모색할 수 있을 것 같다.

한국을 대표하는 공업도시로의 지난 산업회시대 인구집중 현상은 인구감소로 전환된 지 오래 전의 일이다. 창원, 울산, 여수가 그렇다. 결코 양적 성장이 줄어든 것도 아니다. 해당 지역에는 베이비부머 세대의 대량 퇴직사태가 급속히 진행 중이다. 이에 비해 청년층의 공장 유입은 자동화로 막혀 있다. 이를 고용시장의 경직성에 원인이 있다고 보는 이도 있지만 반드시 그렇지도 않다.

사람의 노동이 필요한 노동집약적 산업이 나타나지 않고 있고 기대되지도 않는다. 섬유-자동차-조선 등 노동집약산업 다음 단계의 업종이 대한민국에는 보이지 않는다. 대안으로 서비스산업을 말하고, 문화산업을 말한다. 하지만 인구의 대량 유입 산업은 아니다. 인구의 급증이 없으니 고용문제가 예전처럼 그리 심각하지 않다고 진단할 수도 있다.

지방의 소멸과 수도권 집중은 교육 시스템의 문제와 직결되어 있다. 의무교육을 마친 청년은 너도나도 서울로 향한다. 부동산 불로소득 문제의 원인이며 해결의 기미도 보이지 않는다.

행정체제의 개편을 정치적 이해득실에 눈이 멀어 단행하지 못하고 국정최고책임자의 임기를 단임으로 안고 가고 있는 무능한 정치력이 만들어 낸 결과이며 승자독식 정치체제가 문제의 원인의 하나라고 말하지 않을 수 없다. 다양성보다는 승자가 독식하는 제도에서 구성원이 여기에 따라가지 않을 수는 없다.

자유와 창의에 의한 일정 수준의 불평등 감수인지 아니면 불평등의 해소가 우리 시대의 시대정신인지에 대한 선택은 정치의 영역이다. 어느 하나만이 정의이고 다른 하나는 정의롭지 않다는 것은 당연히 아니다.

　앞의 여러 통계 수치가 말하고 있는 사회현상에 대해 자유의 확장이 더 필요하다고 보는 견해도 충분히 이해되지만 많은 부분에서 민주적 통제가 우리 사회에 필요하다고 생각한다. 소통과 토론을 통해 사회계약으로 스스로 결정해 나아가는 것은 철인의 식견에 의지하는 강제와는 다르다.

　노동학의 플랫폼은 사회현상의 중간에 존재하며 진단하고 처방하는 해결자로서의 역할을 해야 한다.

상시근로자수 5인 미만 사업(장)과 노동법

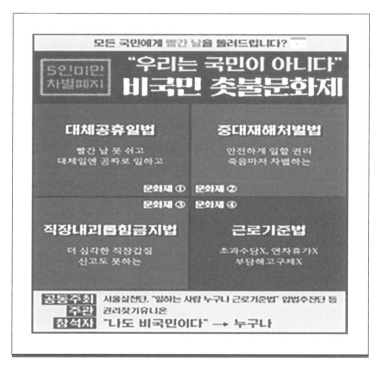

2021년 6월 23일, 국회 환경노동위원회가 4일의 대체공휴일 적용을 의결하면서 5인 미만 사업(장)에는 예외로 한 데 대해 분노한 시민단체에서 집회알림 선전문구로 위와 같은 문구를 내 걸었다. "비국민" 이라는 단어가 마음 아프다.

2021년 들어서 5인 미만 사업장에 대한 따돌림은 극성을 부리고 있다. 중대재해기업처벌법을 시작으로 대폭 개정한 직장갑질 처벌제도에도 적용 부분은 빼고 논의하였다. 가뜩이나 불만이 가득한 상태에서 대체공휴일 적용제외는 기름을 부었다.

근로자보호기본법인 근로기준법은 5인 미만 사업장의 근로자에게는 적용되지 않는다. 적용되는 것은 극히 예외이다. 근로기준법 제11조에서 근로기준법의 적용 범위에 대해 시행령(대통령령)에 포괄하여 위임하고 있고, 시행령(대통령령)은 별표에서 4인이하 사업장(5인 미만 사업장)에 적용되는 근로기준법의 조항을 나열하고 있다.

근로기준법

■ 제11조(적용 범위)
① 이 법은 상시 5명 이상의 근로자를 사용하는 모든 사업 또는 사업장에 적용한다. 다만, 동거하는 친족만을 사용하는 사업 또는 사업장과 가사(가사) 사용인에 대하여는 적용하지 아니한다.
② 상시 4명 이하의 근로자를 사용하는 사업 또는 사업장에 대하여는 대통령령으로 정하는 바에 따라 이 법의 일부 규정을 적용할 수 있다.

③ 이 법을 적용하는 경우에 상시 사용하는 근로자 수를 산정하는 방법은 대통령령으로 정한다. 〈신설 2008. 3. 21.〉

중대재해 처벌 등에 관한 법률 (약칭: 중대재해처벌법)

[시행 2022. 1. 27.] [법률 제17907호, 2021. 1. 26., 제정]

■ 제3조(적용범위)
상시근로자가 5명 미만인 사업 또는 사업장의 사업주(개인사업주에 한정한다. 이하 같다) 또는 경영책임자 등에게는 이 장의 규정을 적용하지 아니한다.

공휴일에 관한 법률 (약칭: 공휴일법)

[시행 2022. 1. 1.] [법률 제18291호, 2021. 7. 7., 제정]

■ 제4조(공휴일의 적용)
제2조에 따른 공휴일과 제3조에 따른 대체공휴일의 적용은 「국가공무원법」, 「근로기준법」 등 관계 법령에서 정하는 바에 따른다.

상시근로자 숫자에 따른 노동법 적용

항목	상시근로자 수								관계 법령
	1~4	5~9	10~29	30~49	50~99	100~299	300~	500~	
근로자명부 작성	◎	◎	◎	◎	◎	◎	◎	◎	근로기준법
근로계약서 작성	◎	◎	◎	◎	◎	◎	◎	◎	
임금대장 작성	◎	◎	◎	◎	◎	◎	◎	◎	

임금명세서 교부 21.11.19부터	◎	◎	◎	◎	◎	◎	◎	◎	근로기준법
해고제한	×	◎	◎	◎	◎	◎	◎	◎	
해고예고	◎	◎	◎	◎	◎	◎	◎	◎	
주휴일	◎	◎	◎	◎	◎	◎	◎	◎	
가산임금	×	◎	◎	◎	◎	◎	◎	◎	
직장 내 괴롭힘	×	◎	◎	◎	◎	◎	◎	◎	
재해보상	◎	◎	◎	◎	◎	◎	◎	◎	
연차 및 생리휴가	×	◎	◎	◎	◎	◎	◎	◎	
휴업수당	×	◎	◎	◎	◎	◎	◎	◎	
취업규칙 작성	×	◎	◎	◎	◎	◎	◎	◎	
고용보험	◎	◎	◎	◎	◎	◎	◎	◎	고용보험법
산재보험	◎	◎	◎	◎	◎	◎	◎	◎	산업재해보상보험법
건강보험	◎	◎	◎	◎	◎	◎	◎	◎	건강보험법
국민연금	◎	◎	◎	◎	◎	◎	◎	◎	국민연금법
근로소득세	◎	◎	◎	◎	◎	◎	◎	◎	소득세법
주민세	◎	◎	◎	◎	◎	◎	◎	◎	지방세법
종업원 할 사업소세	×	×	×	×	◎	◎	◎	◎	지방세법
임금채권 부담금	경감	◎	◎	◎	◎	◎	◎	◎	임금채권보장법
장애인고용 분담금	×	×	×	×	고용의무	◎	◎	◎	장애인고용촉진 및 직업재활법
대체공휴일	×	◎	◎	◎	◎	◎	◎	◎	공휴일에 관한 법률
중대재해기업 처벌	×	◎	◎	◎	◎	◎	◎	◎	중대재해기업처벌법
퇴직금	◎	◎	◎	◎	◎	◎	◎	◎	근로자퇴직급여보장법
최저임금	◎	◎	◎	◎	◎	◎	◎	◎	최저임금법
노사협의회 설치 신고	×	×	×	◎	◎	◎	◎	◎	근로자참여 및 협력증진에 관한 법률
고충처리 위원회 설치	×	×	×	◎	◎	◎	◎	◎	근로자참여 및 협력증진에 관한 법률 남녀고용평등과 일가정양립지원에관한법률
성희롱 예방 교육	게시배포		◎	◎	◎	◎	◎	◎	남녀고용평등과 일가정양립지원에관한법률
장애인 인식 교육	게시배포				◎	◎	◎	◎	장애인고용촉진 및 직업재활법

									⊙ 산업안전보건법
건강진단		◎	◎	◎	◎	◎	◎	◎	
안전보건교육	◎	◎	◎	◎	◎	◎	◎	◎	
안전관리자 선임	×	×	×	×	◎	◎	◎	◎	
보건관리자 선임	×	×	×	×	◎	◎	◎	◎	산업보건의의 경우 50인 이상 사업장부터 선임 의무가 있었으나 기업활동규제 완화에
산업보건의 선임	×	×	×	×	×	×	×	×	관한 특별조치법 제28조 제1항 제1호에 의거 선임 의무가 면제됨.
안전보건관리 책임자 선임	×	×	×	×	◎	◎	◎	◎	
산업안전보건 위원회 설치	×	×	×	×	×	◎	◎	◎	
안전보건관리 규정 작성	×	×	×	×	×	◎	◎	◎	

▶ 법령 변경 등에 따라 수시로 달라질 수 있음.
▶ 일반노동관계법 적용에 있어서 파견근로자는 당해 사업장의 상시근로자수에 포함되지 않으나 산업안전보건법의 적용에 있어서는 파견근로자도 당해 사업장의 상시근로자수에 포함됨.

상시근로자수 계산

근로자 숫자를 계산할 단위 "사업"이라는 뜻은 독립적인 사업체(업체)를 의미한다. 즉 법인을 뜻한다. 예외로 사업장 단위로 근로자 숫자를 산정해야 하는 경우도 있다. 반드시 지역적인 분리를 의미하는 것은 아니다. 인사노무관리, 회계관리를 독립적으로 하는 사업장(공장/사업부문/본부/지부)의 경우는 사실상 독립적인 사업과 다름 없는 경우이다. "상시근로자수"라는 용어를 "통상通常근로자수"라는 용어로 변경하는 것이 적절하지 않을까?

근로자수에 포함되는 근로자는 파견근로자는 사업장 소속 근로자가 아니므로 제외되며(산업안전보건법은 포함) 사업장 소속 근로자의 경우는 고용 형태를 불문하고 포함된다.

상시근로자수는 근로기준법뿐만 아니고 근로자 참여 및 협력 증진에 관한 법률, 산업안전보건법, 기간제 및 단시간근로자 보호 등에 관한 법률, 산업재해보상보험법, 고용보험법에 해당 법령의 적용에 관련되어 정하고 있다.

그 계산식은 다음과 같다.

상시근로자수가 5인 이상이 되기 위해서는 2가지 요건을 충족해야 한다. 첫째 직전 1개월 전체 사용인원수를 총 영업일수로 나눈 평균값이 5 이상이어야 하고, 둘째 총 영업일수 중에서 5 이상이 과반을 차지해야 한다. 이에 따라 아래 표에서 Case 1은 첫 번째 요건은 충족하였으나 두 번째 요건을 충족하지 못하였으므로 5인 이상 사업장이 되지 못한다.

그러나 예외 없는 법칙은 없듯이 여기에도 예외가 있는데 바로 Case 2와 같은 경우인데, 비록 조건 1(평균값이 5 이상)을 충족하지 못하였다 하더라도 5인 이상 일수가 과반인 경우에는(22일 중에서 14일이 5 이상이다) 5인 이상 사업(장)이 된다.

상시근로자수 계산 사례

구분	월	화	수	목	금
Case 1	7명	6명	4명	4명	4명
	7명	6명	4명	4명	4명
Case 1	7명	6명	4명	4명	4명
	7명	6명	4명	4명	4명
	7명	6명	=> 5인 이상 사업장이 아님		

	월	화	수	목	금
	5명	5명	2명	2명	5명
	5명	5명	2명	2명	5명
Case 2	5명	5명	2명	2명	5명
	5명	5명	2명	2명	5명
	5명	5명	=> 5인 이상 사업장이 아님		

노동법의 적용은 그동안 단계적 적용이 관습적으로 받아들여 져 왔다. 현장의 혼란을 줄이기 위해 적응 시간을 부여해야 한다 는 명분에서다.

공공 부문과 300인 이상 사업장 -〉 50인 이상 (299인까지) 사업 (장) -〉 5인 이상(49인까지)사업(장) 3단계를 주로 채택하여 왔다. 그리고 거기에서 멈추었다. 늘 5인 미만 사업(장)은 그 예외로 남 았다. 4단계는 없었다.

왜 5인 미만 사업장에는 근로기준법 등 노동 조건 규범이 적 용되기 힘들까? 5인 미만 사업장 근로자의 단결력이 부족해서일 까? 그런 측면이 있다.

5인 미만 사업장에 소속한 근로자가 노동조합을 설립(결성)하 는 예는 찾아볼 수 없다. 개인적으로 노동조합(초기업노조)에 가입 하는 예도 찾아보기 힘들다.

2021년도 울산노동인권센터가 처음으로 실시한 울산지역 5인 미만 사업(장) 노동실태조사 결과에서도 이 사실은 확인되었다.

표본 600명 중에서 노동조합에 가입하고 있다고 답한 사람은 3명이었다. 5인 미만 사업장의 조직률은 0.5%이다. 규모, 즉 상시 근로자숫자가 많을수록 조직률은 높다. 근로조건도 좋다. 사용자와의 역학구도에서 대등한 구조는 기대할 수 없는 지경이다. 경제적 조직적 약자인 근로자를 보호하는 규범인 근로기준법이 가장 필요한 공간에 적용되지 않고 있다는 사실 앞에 우리는 얼마나 당당할 수 있을까.

단계를 논하자는 것을 현실론이라고 할 수는 없지만 규모가 적은 사업장에서 근로기준법을 준수하기가 곤란한 점이 있다면 온전히 근로기준법을 적용하는 주장에서 한 걸음 물러나서 단계적 확대론에서 우선 일반 적용할 부분과 제도적인 준비가 필요한 부분 그리고 사실상 곤란한 부분으로 분류해보면 어떨까 조심스럽게 접근해본다.

근로기준법 관련해서 근로기준법 시행령에서 5인 미만 사업장에 적용되지 않는 규정을 3분류하면 다음과 같다.

확대 적용하지 않을 이유 가 없는 사항[13]	제16조(계약기간) 제19조(근로 조건의 위반) 제2항 제23조(해고 등의 제한) 제1항 제27조(해고사유 등의 서면통지) 제28조(부당해고 등의 구제신청) 제46조(휴업수당) 제53조(연장근로의 제한) 제56조(연장 야간 및 휴일근로)

확대 적용하지 않을 이유가 없는 사항[13]	제58조(근로시간 계산의 특례) 제1항 제73조(생리휴가) 제75조(육아시간) 제76조의 2(직장 내 괴롭힘) 제77조(기능 습득자의 보호) 제98조(기숙사 생활의 보장) 제1항 제100조(기숙사 설비와 안전 위생)
확대 적용을 위해서 준비 조치가 필요한 것	제58조(근로시간 계산의 특례) 제2항 제3항 "근로자대표" 전제하고 있기 때문에 제59조(근로시간 및 휴게시간의 특례) "근로자대표" 전제하고 있기 때문에 제60조(연차유급휴가) 대체 인원의 확보 곤란[14] 제62조(유급휴가의 대체) "근로자대표" 전제하고 있기 때문에
5인 미만 사업장에 적용하기가 곤란한 것[15]	제24조(경영상 이유에 의한 해고) 제25조(우선 재고용 등) 제9장 취업규칙

참고로 선원법船員法은 5인 미만 여부 운운 자체가 없다. 근로조건 위반 시 선원노동위원회 구제 절차가 가능하고, 해고 등의 제한규정의 적용을 모든 선원이 받는다. 시간 외로수당도 받으며 유급휴가(1월에 6일)도 보장받는다. 또한 취업규칙도 규모와 무관하게 작성 신고의무가 사용자에게 있다. 육상, 해상 여건의 차이를 감안하더라도 지금의 근로기준법이 5인 미만 사업장에 대하는 차이는 합리성이 떨어진다. 차별의 요소가 많다.

---

13) 입법부(국회)의 근로기준법 개정을 기다릴 필요도 없다. 시행령을 변경하여 시행해야 한다.
14) 연차휴가 사용의 자유권을 보장하되 사용자의 시기변경권을 강화해서 인력이 한꺼번에 비는 것을 막는 제도적 장치를 마련하였으면 한다.
15) 단체의사결정이 따르는 부분이라서 5인 미만 사업장의 경우는 근로기준법 제23조에 규정으로 해석하였으면 한다.

제3장

미래로, 하나로 :
진실 화해 협력

노동법령은 규제법인가? 계약법인가?

노동법령은 민법의 특별법으로서 민법에 우선한다. 노동법령은 근로자보호법이며 사용자규제법이다. 그렇다. 노동법령은 근로자가 사용자에 대해 상대적인 약자임을 전제로 계약의 대등성, 노사 균형^{均衡}을 맞춰 주기 위해 근로자에 힘을 실어 준 조치이다. 사회계약^{社會契約}이다.

그렇지만 노동법령은 기본적으로 계약법이다. 법령은 계약으로 비로소 현실이 된다. 계약은 대등한 입장에서 자유로운 의사로 협의하고 동의해야 성립한다. 하지만 근로계약 체결의 현장은 그렇지 못하다는 것이 문제의 출발이다.

요식 행위로 근로계약서를 체결하는 일은 없어야 한다. 문서로 남길 내용을 꼼꼼히 적어야 한다. 사용자가 작성한 계약서(안)를 근로자가 검토도 없이 서명만 한다든가 괄호로 남은 몇 군데만 메워 넣는 근로계약은 잘못이다. 그랬다가는 필시 탈이 난다.

노동법을 오해하면 낭패를 당하게 된다. 어쩔 수 없이 지켜야 한다고 생각하면 규제가 되고, 노예가 된다. 족쇄를 달았으니 불만이 생기게 마련이다. 사용자가 노동법령을 대하는 태도에도 문제가 있지만 근로자의 태도 또한 시정해야 할 점이 적지 않다.

노동법을 잘 알게 되면 사용자와 근로자 사이에 일어나게 될 많은 문제들을 피할 수 있다. 거부감이 사라지고, 좋아하게 되고, 즐거움이 생긴다.

사용자가 먼저 노동법을 공부해서 알아야 한다. 노동법을 공부하려는 노력을 게을리 하면서 투덜대기만 하는 사용자와는 근로계약을 체결하면 아니 된다.

사람은 기계가 아니라 감정을 가진 인격체이므로 관계의 기본인 인의예지신仁義禮知信이 형성되지 못하면 그 관계는 악연이 된다. 많은 근로계약 관계에서 이런 불미스러운 일이 발생한다. 너무나도 안타까운 일이다.

이유는 잘못된 인식에 있다. 다음과 같은 사용자의 인식이 필요하다.

① 피할 수 없는 노동법이다. 인정認定하라.
② 노동법, 공부工夫하라. 열린 마음이 필요하다.
③ 노동법, 적용하고 활용하고 응용應用하라. 사용자는 인사 권

한이 있다.

④ 노동법령과 친^親해져라. 최저 기준에 머물지 말고, 사업장 노동법을 만들어라.

규모가 있는 사업(장)은 인사 시스템을 가동할 인력이 있지만 그렇지 못한 사업(장)은 외부의 전문지식과 네트워크로 연결해야 한다. 아웃소서^{Out Sourcer}의 지식을 사업장 지혜로 만들면 된다.

노동력 제공, 임금 지급이 전부가 아닌 근로계약

민법의 14개 전형계약에 고용계약雇傭契約이 있다. 고용계약은 당사자 일방이 상대방을 위하여 노무勞務를 제공할 것을 약정하고, 그 상대방은 이에 대하여 보수를 지급할 것을 약정함으로써 성립하는 유상계약有償契約이자 쌍무계약雙務契約으로 당사자 간에 계속적인 채권 채무관계를 발생하게 하는 계속적 계약의 하나이다.

민법에서는 고용을 대등·독립된 당사자 간의 계약으로 규정하고 있으며, 계약의 자유가 보장되어 있다.

그러나 자본주의 사회에서는 근로자와 사용자 간의 고용관계를 계약자유의 원칙에 맡길 수만은 없게 되었다. 즉 근로자는 경제력의 열세로 말미암아 사용자와 본의 아니게 나쁜 조건으로 근로계약을 체결하게 되며, 결과적으로 심히 불리한 조건으로 근로를 하도록 합법적으로 강제당하는 셈이 된다.

이러한 상황에 따라 국가가 근로 조건의 기준을 노사 쌍방에게 적극적으로 제시·규율하고자 하는 '근로기준법'이 제정되게 되었다.

고용에 관한 특별법이라고 할 수 있는 근로기준법은 거의 모든 고용관계에 대해서 민법상의 고용에 관한 규정에 우선하여 적용된다. 즉 동거 친족親族만을 사용하는 사업과 가사사용인家事使用人(가사근로자 보호법으로 노동법 영역으로 편입), 그리고 상시常時 4인 이하의 근로자를 사용하는 사업 또는 사업장의 경우에는 대통령이 정하는 경우를 제외하고는 근로기준법의 적용을 받는 일이 없으나(근로기준법 10조, 근로기준법 시행령 1조), 그 이외의 모든 고용관계에 대하여는 원칙적으로 근로기준법이 우선 적용된다.

노동력을 제공하고, 제공받은 노동력을 사용한 사용자가 노동력의 대가를 임금으로 지급하는 관계가 근로계약인가? "아니다." 라고는 할 수 없다. 하지만 쌍방의 권리와 의무에는 인간관계의 요소가 있음을 놓쳐서는 아니 된다. 즉 쌍방의 부수 의무이다. 인간관계라는 사실에서 관계의 기본적 성질에서 동일하다. 인간관계는 기본적인 인격적 동등이라는 사실을 전제한다.

약속 지키기, 거짓말 안 하기와 같은 아이들에게 가르치는 기본교육 덕목이 근로계약관계에서 안 지켜질 수 없다. 인간관계의 존중, 신뢰 형성의 불문율은 근로계약 관계에서도 동일하다. 만약 근로계약을 체결하고 근무를 개시하는 근로자가 이런 점에서 문제가 발생한다면 어떻게 될까?

점검하는 기간인 수습기간^{修習期間}이 있고, 이 기간 중에는 사용자에게 해고권한이 넓게 인정된다. 반대로 사용자가 강자임을 내세워 일방적인 관계를 강요한다면 근로계약 관계는 어떻게 될까?

정당한 업무 범위 안에 있을지라도 지시 방법에서 문제가 생기면 직장 내 괴롭힘 방지 제도의 점검에서 자유로울 수 없다. 우리 사회 구성원은 사용자는 법제도 차원이 아니더라도 그 이전에 인간관계의 경험 또는 상식에서 이 점을 충분히 지득하고 있으리라 기대한다. 그 기대에 미치지 못할 경우 비난을 감수해야 한다. 직장은 감옥이 되어서는 아니 된다.

허즈버그 2요인설 (Two Factor Theory by HERZBERG)

위생 요인 (hygiene factor)	급여 / 복지제도 / 물리적 환경
동기 요인 (motivator factor)	자신의 성장 / 일의 성취 / 승진 기회

임금을 위생 요인으로 보는 가설, 이 가설을 극복해야 하는가? 인정해야 하는가?

이것은 미국 경영학에 나오는 가설이다. 인사노무 관리자에게는 두 가지 선택지가 있다는 것인데, 하나는 위생 요인衛生 要因(위생 변수)이고, 다른 하나는 동기 요인動機 要因(동기부여 변수)이다. 전자를 위생 요인이라고 한 이유는 '원인이 되는 요소에 대해 가지는 불만이 있을 경우 그 불만을 제거한다면 결과는 무엇이 될까?'라는 궁금증에서 나왔다.

결론적으로 본 가설에서는 불만 요인을 제거한다면 불만이 사라진 상태로 변화할 뿐 만족으로 또는 동기부여 요인으로는 이어지지 않는다는 것이다.

예를 들자면 이렇다. 사무실의 환경에 불만을 가진 경우 그 불만을 해소하기 위해 사용자가 환경을 바꾸려고 노력을 한다면 그 결과 불만족스럽던 심리가 사라진 심리 상태로 변경된다는 것이다. 만족스럽다는 심리 또는 애사심이나 노동 생산성 등으로 이어질 기대를 하지는 말라는 것이다.

이에 반해 동기 요인은 그와 반대의 결과로 나타난다. 자신의 성장이나 승진의 기회, 일의 성취에 대해 부족함이나 불만이 있는 경우 이를 채워 줄 때는 만족감을 느끼게 하고, 사업(장)이 바라는 동기 요인으로 작용한다는 것이다.

문제는 본 가설에서 급여를 위생 요인으로 본다는 것이다. 위생 요인이란 불만족의 상태에 있을 때에는 불만의 수준을 가늠할 수 없을 정도인데, 급여의 문제가 어느 정도라도 해소해 준다고 해서 만족이라는 감정이 발현되지는 않는다는 것이다.

모든 근로자는 임금에 가장 민감하다는 통계가 한국과 캐나다에서 동시에 확인되었다. 직장인에게 직장이 해 주길 바라는 것, 좋은 직장이라고 생각하는 것을 물었을 때, 약간의 차이가 있지만 두 나라 모두 가장 많은 비율을 차지했다. 매슬로우의 가설은 생존적 욕구가 충족되면 그 다음 욕구로 넘어간다고 하지만 경제 사회에서 금전 욕구는 동서고금을 막론하고 가장 직접적인 자극제인 것 같다. 속물근성을 버릴 수는 없는 모양이다.

임금을 협의하는 자리에는 임금을 지급하는 자와 받는 자가 동석한다. 임금이 동기 요인이라고 말해야 하는 근로자 또한 임금이 합의되고 3일이 지나지 않아서 마치 빚을 청산한 상대방을 대하듯 사용자를 대하면 사용자는 어떤 심경의 변화가 생길까? 임금은 위생 요인이 맞다고 확신하지 않을까. 그리고 임금을 아무리 많이 주어도 넉넉하지 않고, 만족이 없고, 오히려 반감만 살 뿐이라고 생각한다면 어떻게든 임금에 차이를 두어서 이를 승급, 승진에 반영해야 한다는 생각을 하지 않을까. 그래서 평가에 기대고 의지하고 차이를 둬서 성과연봉제를 도입하고, 무리하더라도 그런 임금제도를 시행하려고 하지 않을까.

근로계약 관계는 임금 관계에서 도덕적 차원을 버리고 냉정한 법적 관계로 변화해 버리는 것인지, 이를 극복해야 한다. 이런 위험이 곳곳에 도사리고 있기 때문에 약속을 잘해야 한다. 그것도 서면으로, 바로 근로계약 체결에서의 노력이다.

근로계약서 체결에서의 필수적인 노력

근로기준법은 반드시 서면 형식으로 근로계약을 체결하도록 하고 있다. 위반하면 500만 원 이하의 벌금 또는 과태료에 처해진다. 오늘도 많은 곳에서 근로계약이 서면으로 체결되고 있다. 경험으로 비추어 볼 때, 많은 근로계약의 내용은 「표준근로계약서標準勤勞契約書」라는 제목을 가지고 근로기준법에 반드시 명시해야 하는 내용만을 적고 내용은 빈칸으로 처리한 채 근로자에게 서명을 요청하는 형식이다. 근로자 또한 성의 없는 서명을 하는 것으로 근로계약이 체결되고 법적 의무를 다한 것으로 생각한다.

자신의 근로계약서를 표준근로계약서라는 이름으로 적은 근로자도 보았다. 형식이 문제이기도 하지만 내용에 문제가 있어서는 아니 된다. 근로기준법은 근로계약의 형식적 요건을 명시하면서 동시에 내용에서 반드시 기재해야 할 사항을 규정하고 있다.

근로기준법은 그야말로 최소한의 규정이다. 그러므로 최소한 이상의 내용은 계약 당사자의 고민과 협의가 있어야 한다.

근로계약서는 사용자가 근로자에게 부과하는 의무, 즉 근로자가 이행해야 할 의무와 사용자가 근로자에게 이행해야 할 의무를 문서로 정한 것이다. 쌍무계약이다. 다시 말하지만 안타까운 사실은 임금 지급 관련, 업무 장소 관련, 휴게·휴일·휴가 관련 내용이 전부인 근로계약서를 볼 때마다 생각하게 되는 것은 왜 다음의 사항에 고민을 하지 않는가 하는 것이다.

① 업무 수행에 있어서 충실忠實 의무

② 직무 전념專念 의무

③ 업무상 비밀秘密 준수 의무

④ 동료와의 화합和合 의무, 협력協力 의무

⑤ 근로계약의 종료, 사직辭職 시 사전통지事前通知

⑥ 사용자의 배려配慮 의무 등.

인사 노무관리 체계가 있는 사업장(30인 이상)의 경우는 이러한 문제가 덜하지만 소규모 사업장에서는 근로계약서 체결도 버거워한다. 과잉 규제라고 투덜댄다. 하기 싫은데 법령이 명령하고 처벌이 따르니 어쩔 수 없이 하는 일이 되고 그래서 근로계약 관계는 출발부터 문제를 안고 시작한다. 원활한 관계를 기대하기가 힘들어진다.

근로기준 법령에서 근로계약서에 기재해야 할 사항으로 규정한 내용은 다음과 같다.

근로기준법 제17조 및 근로기준법 시행령 제8조

서면 명시 항목	대상	비고
임금 (구성 항목 · 계산 방법 · 지불 방법)	공통	서면 교부 (조건 변경 시 동일)
소정근로시간		
휴일		
연차휴가		
근로계약 기간	기간제 및 단시간	
휴게		
휴가		
근로일 및 근로일별 근로시간	단시간	

- 기타 명시하여야 하는 근로 조건
  - 취업 장소 및 종사 업무 (기간제, 서면 명시)
  - 취업규칙의 필수 기재 사항
  - 기숙사 규칙에서 정한 사항 (기숙 예정자)
- 취업규칙, 단체협약 등 상위 규정 변경으로 근로 조건이 변경된 경우 : 근로자 요구 시 변경 사항 교부

그러면 근로계약서에는 무엇을 어떻게 써야 할까?

자녀, 후배를 훈육하는 것처럼 아니면 인간관계에서의 기본적인 사항인 1) 약속 지키기, 2) 거짓말 안하기, 3) 동료와 사이좋게 지내기, 4) 먼저 인사하기, 5) 부끄럽지 않게 당당하기를 근로계약서에 명시하는 것은 쑥스러운가?

십계^{+戒}는 10가지 하지 말아야 할 사항을 가르치고 있다. 삼강오륜^{三綱五倫}은 인간사회의 기본관계와 질서를 가르치고 있다. 경천애인^{敬天愛人}이라고 하는 가르침도 있다. 해야 할 것과 하지 말아야 할 것을 구분하고, 하지 말아야 할 것을 하지 않는 것을 지킬 수 있다면 군자에 도달하였다 할 것이다.

불문율不文律은 불문율로 남겨두고 법적으로 시비가 되는 부분을 아래에서 기술한다.

① 내력이 없는 포괄임금 계약.

근로계약서에 월 급여 총액을 정해놓고 "해당 금액에는 퇴직금 및 법정수당(주휴수당, 연차수당, 가산임금) 등 제 수당이 모두 포함되어 있다."라고 규정한 근로계약서가 있다.

우선 퇴직금은 성질상 미리 줄 수 없는 금전이기 때문에 이런 규정이 있더라도 법정퇴직금을 지급한 것으로 인정되지 않는다. (중간 정산의 예외가 있기는 하지만)

주휴수당, 미사용 연차휴가 대체수당을 사전에 임금 항목으로 지급하되 사용 후 정산한다면 반드시 법적으로 무효는 아니라는 해석이 있기는 하다.

임금명세서를 반드시 교부해야 하는 2021년 11월 19일 이후부터는 포괄임금제가 근본적으로 흔들리게 될 것으로 보인다. 많은 분쟁이 사라지게 될 것으로 기대한다.

임금 세부 내역을 파악하기 위해서는 근로기준법을 공부해야 한다. 사용자가 반드시 해야 할 일이다. 사용자의 자질과 관련된 사항이다.

② 근로계약 위반에 대한 손해배상損害賠償 금액을 정한 조항.

근로계약을 체결하면서 손해배상액이 얼마인지 미리 정할 수는 없다. 근로계약 과정이 사용자 주도로 이뤄지기 때문에 위약금을 사용자가 일방적으로 정할 우려가 크고 위약금으로 인해 근로자가 부당한 의무를 지거나 강제強制 근로를 시킬 수도 있기 때문이다.

따라서 근로계약서에 손해배상액을 정해놓더라도 해당 규정은 효력이 없다. 즉 근로자의 잘못으로 손해가 발생했을 때 계약서에 미리 정해놓은 위약금을 그대로 물어 줄 필요는 없다. 다만, 실제 근로자의 과실로 사용자에게 손해가 발생했을 때 사용자는 '실손해액'에 대한 배상을 청구할 수는 있다.

그러나 이 경우에도 사용자가 근로자의 고의나 과실이 있었는지, 이로 인해 손해가 발생했는지, 그 손해가 얼마인지를 입증해야 한다. 이렇게 사전에 위약금을 정해놓지 못하기 때문에 손해배상 문제가 생기면 법원의 판결을 통해 해결해야 하는 경우가 많다. 하지만 근로 관계의 특수성 때문에 근로자의 과실이 인정되는 경우가 많지 않고, 업무를 수행하는 과정에서 발생할 수 있는 어느 정도의 과실이나 손해는 사용자가 감수해야 하는 것으로 보아야 할 경우도 많아서 사용자가 요구하는 손해배상액보다 적은 금액으로 결정되는 사례가 많다.

아무튼 근로계약서에 미리 업무 수행 중에 발생시킨 피해를 변상할 책임을 명시하는 것은 문제다. 굳이 그렇게 할 일이 아니며 근로계약서에 명시하지 않은 사항은 민법의 해당 규정을 따른다는 선언적인 문구로 족하다.

③ 직무전념^{職務專念} 의무, 경업^{競業}금지 의무, 겸업^{兼業}금지 의무.

직무에 전념할 의무는 근로자의 근로계약상의 의무이다. 근로시간 중에 업무와 무관한 일을 하는 경우에는 의무를 소홀히 하는 처사이다. 통상적으로 허용되는 사적인 용무에 대해서까지 업무상 배임, 근무지 이탈 행위로 볼 것은 아니다. 대외적인 업무의 경우에는 반드시 상급자의 결재가 필요하며 이를 소홀히 할 경우 책임의 정도는 직장 내의 그것보다 크다. 업무를 성실히 수행하다가 발생하는 것을 직권남용의 잣대로 들이댄다면 사기 저하의 문제가 발생한다. 열심히 하는 것을 방해하는 격이다.

사업장의 업무와 경쟁 관계에 있는 사업(장)에 취업하거나 협조하는 일은 엄격한 제한을 받을 수 있다. 퇴직 후에도 상당기간의 경쟁업체 취업을 제한할 수 있다. 이에 비해 사업(장) 업무에 지장을 준다는 명백한 증거가 있지 않고서는 근로자의 겸업을 금지할 수 없다. 무효이다. 직무 전념 의무는 근로시간 중에 부과하는 의무이기 때문이다.

④ 직무상 지득한 비밀 준수^{秘密 遵守} 약속.

근로자가 직무 수행 중에 또는 관련하여 지득한 사업(장) 비밀에 대해 누설함으로써 사업(장)에 피해를 준다면 이는 중대한 과오가 된다. 근로계약서 체결 당시에 이에 대해서 내용 전달, 설명이 필요하다. 상식적인 사항이라 하여 생략할 일은 아니다. 그리고 합의 하에 근로계약서에 명시해야 한다.

⑤ 친절親切, 화합和合할 의무, 팀워크teamwork 중요성 약속.

개인의 능력과 자질을 최대한 발휘하는 것과 동시에 조직인으로서 동료와 화합하고 협동하며 팀워크를 형성하는 것이 밝은 직장을 만드는 데 무엇보다 중요하다는 사실을 각인시키며, 근로계약서에 명시하는 것이 좋다. 직장인의 제1의 덕목이기 때문이다.

⑥ 이직移職 시 사전 통지事前通知 약속.

이직 시 인수인계의 문제로 갈등이 생기는 예가 참으로 많다. 근로자를 강제로 근로시킬 수는 없다. 그렇지만 이직 시에는 사전에(30일 또는 15일 전) 통지해야 할 의무에 대해 분명히 해야 한다. 채용 절차가 용이하지 않는 사업(장)의 경우는 더욱 그렇다.

⑦ 배려配慮 의무, 동등한 인격체로 대우할 의무, 고충苦衷 처리 약속. (직장 괴롭힘 예방 조치 이행, 대응 조치 약속)

사용자는 근로자에게 사용자의 산업안전보건법상의 안전보건

조치 의무를 준수해야 한다. 충실하게 이행해야 한다. 근로자를 동등한 인격체로 대우해야 한다. 직장 내 괴롭힘에 대해서는 반드시 고충苦衷 처리를 하겠다고 약속해야 한다. 근로자에게도 적용되는 사항이다. 근로자는 직장 내 괴롭힘 행위를 하지 않을 것임과 예방 및 대응 조치에 적극 협조할 것을 약속하는 내용을 근로계약서에 명시하는 것은 중요하다.

우리 시대, 근로자의 마음은 어디에 있는가?

한국, 캐나다의 직장인 500명에게 어떤 직장을 바라고 있는지 물어보았다.

한국과 캐나다는 지리적, 인문 사회적 조건이 판이함에도 어떻게 동등한 잣대로 비교할 수가 있을까?

하지만 본 설문조사의 결과표에는 의미를 주는 것이 몇 가지가 보인다.

구분	선택사항	한국	캐나다
1	높은 연봉과 복리후생	40.8%	26.7%
2	일과 가정생활의 균형이 이뤄질 수 있는 근무 조건	25.3%	32.5%
3	주도적으로 일을 진행할 수 있는 기회 여부	19.4%	-
4	새로운 것을 배우고 경험할 수 있는 기회 여부	-	25.7%

① 임금 소득자는 캐나다에서도 역시 임금^{賃金}이 높은 사업(장)을 선호한다. 한국에서는 무려 40%가 넘은 답변이 나왔고, 캐나다에서는 4명 중에서 1명이 가장 중요한 요소로 선택했다.

② 일·가정생활의 양립^{兩立}에 대한 요구가 직장인에게서 나왔는데, 한국 직장인의 4명 중 1명이 가장 중요한 요소라고 답했다. 이는 놀라운 변화이다.

③ 주도적으로 일을 할 수 있었으면 한다는 항목에 한국 직장인은 19.4%가 체크하였으나 캐나다는 아무도 체크하지 않았다.

어떻게 보아야 할까? 캐나다의 경우 직장인이 자기 주도로 직장생활을 하는 데 문제가 없음을 반증한다. 그런 사회이다. 반면에 한국은 그렇지 못하다. 군사문화가 사회에 깊이 뿌리내려 권위주의 문화가 직장사회에 스며들어 있기 때문일 것이다. 직장인들은 이것을 문제로 인식하여 개선을 요구하는 것이다.

④ 새로운 것을 배우고 경험할 수 있는 기회를 부여해 달라는 요구를 직장인이 사용자에게 바랄 수 있는 사항일까?

한국의 직장인은 기대할 수 없다는 인식을 가지고 있다. 그리고 직장은 그런 곳이 아니라고 생각한다.

하지만 캐나다에서는 직장인이 직장에서 가능한 것으로 인식

하며 상당수가 그런 점에서 직장에 대해 개선을 요구하는 의견을
표시한 것이다.

매슬로 욕구단계 가설

인간은 다섯 가지의 기본적인 욕구를 가지고 있으며 그 욕구의
충족은 하위 욕구에서 상위 욕구로 단계적으로 이루어진다는 견
해다. 미국의 심리학자 에이브러햄 매슬로Abraham H. Maslow가 제창
했다.

매슬로가 정리한 인간의 다섯 가지 욕구는 생리적 욕구(Physiological
Needs), 안전의 욕구(Safety Needs), 사회적 욕구(Social Needs), 자존의 욕구(Esteem
Needs), 자아실현의 욕구(Self-Actualization Needs)다. 매슬로에 의하면 인간은
가장 기초적인 욕구인 생리적 욕구를 먼저 충족하려 하고, 이 욕
구가 충족이 되면 안전의 욕구를, 다음에는 사회적 욕구를 충족시
키려 하는 등 우선순위에 따라 차례로 욕구 충족을 시도한다.

인간행동은 욕구에 바탕을 둔 동기에 의해 유발되고, 하위 단
계의 욕구가 만족되어야만 상위의 욕구로 나아간다. 매슬로의 견
해는 현대 소비자가 보여 주고 있는 욕구 충족의 다변성과 다
차원성을 제대로 설명하지 못하는 약점이 있으나 동기이론의 기

초를 제공했다는 점에서 평가받고 있다.

이런 생각을 지울 수 없다. 즉 생존을 위해 일하는 자에게도 자아실현의 욕구가 잠재되어 있다. 불안으로부터 회피하기 위해 몸부림치는 자에게도 자아실현의 욕구가 잠재되어 있다. 외로움을 벗어나서 가정 지인과 유대를 하려는 자에게도 자아실현의 욕구가 잠재되어 있다. 명예와 지위, 자긍심을 확보하려는 자에게도 자아실현의 욕구가 잠재되어 있다.

누구나 마음의 평화를 찾고 여유를 찾고 나면 자아를 찾으려 하고 삶의 의미를 찾으려 한다. 근로계약의 당사자인 근로자, 일하는 사람 그 누구에게도 자아실현의 욕구는 기회가 주어지면 강력하게 발현된다. 사람을 수단이 아니라 목적으로 여기라는 말과 다르지 않다. 자아실현을 인식하는 구성원으로 하는 조직 직장은 강하다. 쉽게 하나의 목소리를 내지는 않지만 자율성이 뭉쳐 화합하고 협동하는 직장 조직이 강력하다.

매슬로의 욕구단계설은 많이 회자되고 인용되는 이론이다. 대학교 1학년 처음 이 가설을 접하였을 때의 감응과 그 이후 각 지점마다 의미가 달랐다. 5가지 욕구를 구분하고 단계를 설정한 것은 새롭기도 하고 전혀 새로운 것도 아니다. 격물치지格物致知 - 수신修身 - 제가齊家 - 치국治國 - 평천하平天下, 동양고전 맹자孟子에 나오는 유명한 글귀와 다를 것도 없다.

5번째 욕구가 엉뚱하다는 것, 그리고 자아실현욕구가 가장 고차원적이며 그 욕구로 나아가는 것은 바람직한 방향이라는 암시를 준다. 과연 그러한가? 자아를 발견한 단계에서는 앞의 4가지 욕구가 사라지거나 극복되었다고 보아야 하는가?

가설의 뜻을 인정한다.

하지만 다음의 반론을 욕구단계 가설은 반박해야 할 텐데 아마도 가능하지 않을 것으로 보인다. 즉 가난을 극복하기 위한 국가지도자, 경제인의 노력, 자식에 대한 가장의 노력은 하등한 욕구가 아니다. 안전을 추구하려는 사회보험(4대보험부터 퇴직연금보험이나 각종 보험)은 하등욕구가 아니다. 자신의 이웃을 생각하고 어울려서 좋은 것을 나누고 기쁨을 함께하고자 하는 욕구는 하등욕구가 아니다. 정치 사회에서 조직 활동을 하는 자의 욕구가 과연 하등한 욕구일까?

이 모든 욕구 자체가 자아실현이 될 수 있다. 4가지를 포함한 대상은 자아실현의 재료材料이다. 재료材料가 없는, 구체적인 목표가 없는 자아실현은 허구虛構일 수 있다.

장년에 접어든 자식에게 길조심하라고 오늘도 전화를 걸어 신신당부를 하시는 어머님의 자아는 무엇일까?

결코 하위욕구라고 할 수 없을 것이다. 어머님에게 있어 가장 상위 자아실현은 자식의 안전이 아닐까 생각해본다.

갑질 없는 직장, 공정사회

기소불욕 물시어인 己所不欲 勿施於人

어느 날 자공이 공자孔子께 물었다.

"한마디 말로 제가 평생 동안 실천할 말이 있습니까?"

공자께서 대답했다.

"있다. 그것은 서恕다. 자기가 원하는 것이 아니면 남에게 베풀지도 말아야 할 것이다. (기서호 기소불욕 물시어인 其恕乎 己所不欲 勿施於人)"

'서恕'란 오늘날의 용서와 같은 뜻이다. 서恕를 파자破字 하면 여심如心, 즉 '사람의 마음(心)은 모두 같다(如)'는 뜻이 된다.

내가 남에게 잘못을 저질렀을 때 내가 미안해 하듯이 남 역시 잘못을 저질렀을 때 당연히 미안하게 여기리라 생각하는 것이다. 상대방의 마음과 나의 마음이 같다는 것을 자각할 때 비로소 이해하고 용서하는 마음이 일어나는 법이다.

따라서 '기소불욕 물시어인己所不欲 勿施於人'은 상대방을 먼저 이해하고 용서하는 것에서부터 시작한다고 볼 수 있다. 우리집 가훈이다.

자연상태自然狀態! 외부의 강행 제재가 없는 상태, 즉 형벌刑罰이 없는 상태이다. 그런 상황을 가정하면 사람은 평등할 것인가, 아니면 불평등할 것인가?

여러 의견이 있는데 토마스 홉스Thomas Hobbes는 만인萬人의 만인萬人에 대한 투쟁鬪爭 상태가 될 것이라고 하였다. 대학시절 형법 교수님이 수업 첫날 신입생들에게 이와 같은 질문을 하셨다.

불평등하다고 해도 되고 평등하다고 해도 된다. 그렇지만 분명한 사실은 사람은 아무리 약한 자라 할지라도 남에게 손해를 끼칠 힘은 가지고 있으며 혓바닥으로, 바늘 하나로 사람을 패가망신敗家亡身시키거나 목숨을 잃게 할 수 있다. 그 점에서 존재는 평등하다.

만물이 존엄하다거나 하늘의 뜻을 계시받았다는 이유가 아니라 힘에 있어서 동등하다는 것이다. 나이가 들어 지천명에 들면 세상이 서로 연결되어 있다는 사실을 알게 된다. 자신이 따로 떨어져 있지 않다는 사실을 발견한다. 세상 그 누구보다 나를 사랑

하는데, 그러한 나는 사실 남과 다르지 않으며 나의 안전을 위해 타인의 안전을 해치지 않아야 한다는 것을 안다. 타인의 존중(Repect)은 사실은 나를 존중하는 것이다. 타인을 인정認定하는 것은 나를 인정하는 것이다. 비로소 관계에서 믿음(Trust)이 생긴다.

결코 사람을 무시하면 안 된다. 나를 함부로 대하지 않는 것처럼, 자신을 무시하지 않는 것처럼. 자긍심이 강한 사람은 타인에 대해 존중하는 마음이 강하다. 긍정적으로 바라보며 모든 원인을 자기에게서 찾으며 타인에게 탓을 돌리지 않는다. (대인 구제기大人 求諸己 소인 구제인小人 求諸人)

직장 내 괴롭힘(직장갑질) 제도

직장갑질이 근로기준법에 등장했다. 2019년 7월 16일부터 시행했다. 2021년 4월 개정을 통해 행위자 처벌(1천만 원 이하의 과태료)조항을 신설하였고, 신고 접수 후 지체 없는 객관적 조사 의무, 사실 확인 시 행위자 징계 의무, 조사자의 비밀준수 의무 위반 처벌(5백만 원 이하의 과태료) 조항이 신설되었고, 2021년 10월 14일부터 적용된다. 직장갑질 피해자에게 신고를 이유로 한 보복(불이익) 행위에 대해서는 3년 이하의 징역 또는 3천만 원 이하의 벌금형에 처하도록 규정하고 있다.

내용 (적용 시기)	벌칙
괴롭힘 행위자 처벌 (2021.10.14-)	1천만 원 이하 과태료
신고 접수 시 지체 없이 객관적인 조사 (2021.10.14-)	500만 원 이하의 과태료
사전 보호조치 (배치 전환 휴직) (2021.10.14-)	처벌조항 없음
확인 시 행위자 징계 조치 (2021.10.14-)	500만 원 이하의 과태료
신고 사실 등 비밀 준수 (2021.10.14-)	500만 원 이하의 과태료
보복 조치 금지 (2019.7.16-)	3년 이하의 징역 또는 3천만 원 이하의 벌금

예방豫防교육 의무, 실태조사實態調査 의무 위반에 대한 처벌 규정은 없다.

제도의 도입은 충분히 이해되고 그럴 이유가 있었다. 2017년과 2018년 계속 보도된 기업주의 갑질 행위는 공분을 샀다. 국민의 대표기관인 국회가 다른 제도에 비해 발 빠른 입법으로 답하였다.

직장 내 괴롭힘은 지위地位 또는 관계關係의 우위優位에 의한 가해 행위인데, 반드시 상사가 가해자가 되는 것은 아니다. 업무상 적정 범위適正 範圍를 넘어선 불이익한 행위이므로 사적私的인 행위는 대상이 아니다. 업무상 적정 범위 내 여부에 대한 해석은 쉬운 것이 아니다. 구체적이고 종합적인 판단이 필요하다. 직장갑질 여부에 대한 객관적인 조사가 중요하며, 객관성을 담보하기 위해 외부 전문가의 참여를 비롯한 여러 고민이 반드시 있어야 한다.

2021년 10월 14일부터는 노동부의 행정질서벌(과태료) 집행 사례가 봇물처럼 터질 것인지 아직은 예단하기 힘들다. 한층 강화된 제도의 시행은 직장 내 괴롭힘 예방豫防 효과가 있을 것이다. 직장 민주주의, 평등성 강화에 본 제도는 기여할 것이다.

인정받기 힘들게 된 특별 권력 관계

노사자율 원칙에 의해 최저 기준 이상의 조건을 정한 단체협약의 문구가 헌법의 정신과 충돌한다는 문제제기가 고용노동부로부터 나왔다. 2015년 단체협약 시정명령 사건이다. 복수노조시대에 맞지 않는 유일唯一 교섭단체交涉團體 조항, Union-Shop 협정(사업장 특정노동조합에 2/3 이상의 근로자가 가입한 경우 사업장에 신규 채용된 근로자는 반드시 해당 노동조합에 가입하여야 의무가 있다, 라는 합의를 단체협약에 명시할 수 있고, 만약 가입한 근로자(조합원)이 노동조합을 자의로 탈퇴하는 경우에는 사용자가 해당 근로자를 해고해야 한다는 내용의 합의. 복수노조 시대에서는 탈퇴의 이유가 새로운 노동조합을 설립하거나 다른 노동조합에 가입하기 위한 목적이라면 사용자에게는 해고의 의무가 없다.) 조항부터 공격을 받았다.

노사가 모두 발끈했지만 사업장 단위의 복수노조까지 허용된 마당에 무슨 문제가 있느냐, 라고 항변하는 것은 실리가 떨어진 주장이기도 했다. 문제는 단체협약에 정한 장기근속자^{長期勤續者} 자녀 우선채용, 퇴직자^{退職者} 자녀 우선채용, 재해자^{災害者} 자녀 우선채용에서 진검승부가 펼쳐졌다.

단체협약서 전수조사 후 언론을 통해 여론이 자극되었다. 정규직 대기업 고연봉 노동조합의 갑질 횡포에 대한 여론은 극히 나빠졌다. 노사가 합의한 사항이지만 집단 이기주의 부도덕성이 드러났다면서 연일 노동조합을 성토하였다.

이에 대해 노동조합은 단체협약 시정 명령이 정부의 편파적인 행태라고 반박했다. 단체협약에는 노동삼권을 제한하는 여러 합의 문구가 있음에도 이에 대한 시정에는 눈을 감으면서 유독 이런 조항만 콕 짚어 문제를 삼는 것은 다분히 저의가 엿보인다는 것이었다.

예를 들어 일방중재^{一方仲裁}, 직권중재^{職權仲裁} 조항이 노동법 정신에 위반한다는 것을 알면서도 노사자율 원칙을 운운하면서 이를 지적하지 않는다는 것이다. 멀리 볼 것도 없이 타임 오프 제도는 노사자율 원칙에 위배되는 모순 조치가 분명하기 때문이다.

노동부와 여러 차례 간담회가 있었다. 노동부가 노사관계에 개입하려면 공정하게 하라는 항의였다. 한 발자국도 물러설 수 없다는 입장부터 속도조절론, 단계론까지 대응전략이 나왔다. 퇴직자, 장기근속자의 자녀에게 우선 채용권을 부여하는 단체협약의 문구는 공정성에 맞지 않다는 자성론이 존재하였음에도 노사 자율에 개입하려는 정부의 저의에 대한 저항감, 그리고 단결체의 명분론에 막혀 공식적으로는 후퇴론이 터져나올 수 없었다. 그러는 중에도 행정권의 노사 갈라치기에 노동조합은 힘겨워 했다. 서서히 후퇴하고 있었다. 마침내 사상자死傷者의 자녀에 대한 채용에 있어서의 우선권까지 공격을 받게 되었고, 노동부는 자신감을 표출하였다. 탄력을 받은 것 같았다. 막아야 했다. 더 이상 물러섰다가는 단체협약 전체에 대해 평가를 받게 생겼다.

노동부를 방문하였다. 업무상 사상을 당한 조합원의 자녀가 취업 응시자가 되었을 때 다른 응시자와 동일 조건이라면 그 자녀에게 우선권을 부여한다는 것은 국가가 국가유공자에게 특별대우를 하는 것과 다르지 않으며, 오히려 장려할 일이 아니냐는 주장을 굽히지 않았다.

동시에 중앙 상급단체에게 요청했다. 노동부가 주장하는 바에 대해 공식적인 입장을 표명하라는 것이다. 즉 퇴직자, 장기근속자의 자녀에 대한 채용에 있어서의 우선권을 담은 단체협약은 헌법의 평등원칙과 국민상식에 맞지 않음을 천명하는 것. 그렇지만 업무상 사상자의 자녀에게 우선권(동일조건 전제)을 부여하는 단체협약은 헌법과 상식에 부합하는 것으로서 결코 문제가 되지 않는다는 천명해 달라, 이를 지침으로 해 달라는 요청이었다.

얼마 후 나의 진정성에 대해 인정한 상급단체에서 지침을 내놨다. 노동부에서도 더 이상은 문제를 삼지 않았다.

거세진 공정公正 요구! 공정公正한 사회에서 살아야 할 권리가 있다. 공정하지 못한 처사에 대해 저항할 권리가 있다.

예전에는 이른바 특별 권력 관계特別 權力關係 논리가 존재하였다. 군대, 경찰, 직장, 학교, 가정에서는 민주주의 원칙이 적용되지 않는다는 것이다. 적어도 이런 관계에서는 평등의 잣대를 들이대지 말라는 것이었으며, 수직적 위계질서 원칙이 우선이라는 주장이었다.

하지만 이런 논리는 무너지고 있고, 무너졌다. 예외 없는 원칙은 없지만 예외를 인정받으려면 설득력 있는 분명한 근거가 있어야 한다.

마치는 글

노동학의 핵심인 '노동법'은 노동학이 그러하듯 법학, 사회학, 경영학, 통계학, 의학, 공학 등이 융합한 학문 영역이다. 노동법은 노동법원勞動法源인 인사평가를 담아야 하고, 노동법이 노동학의 대표가 되기 위해서는 정체성을 분명히 하려는 구심력과 연대 학문과 열린 자세로 넓히는 원심력이 동시에 필요하다.

오랜 고민을 글로 쓰면서 앞으로 나아 가다가도 멈춰서 한동안 머뭇거리고, 그러다가 겨우 앞으로 나아갈 수 있었던 이유는 계속해서 이것이 뇌리에 남아서였다. 물리적 결합에 머물러 있는 노동법을 화학적인 결합으로 엮어내고, 그러면서도 노동법의 정체성을 더욱 분명히 하기 위해서는 어떻게 해야 할까?

법학의 전유물로 머물러 있는 한계를 어떻게 극복할 수 있을까?

노동법의 법원法源인 인사노무, 사용자의 지시권은 노동법과 분리되어 있다. 인사평가를 격물格物하지 않고 있다. 치지致知에 이르지 못하고 있는 것이다.

노동법은 근로기준법을 중심으로 재편성되어야 한다. 근로기준법에 통합 규정해야 마땅함에도 특별 근로기준법이 많다. 필요 이상이다. 텅 비어버린 근로기준법은 문중이 다 떠나버린 종가宗家가 될 처지가 되었다.

노동법 규정은 일하는 사람의 삶을 규정하는 규범으로서 사회질서의 근간이다. 명확해야 한다. 현실을 반영해야 하고 노동법의 방향과 부합해야 한다. 근로계약을 전제해야만 성립하는 근로자의 개념에서 확장해야 한다. AI, 첨단과학 시대의 노동은 공유제가 되었다. 공장노동법의 틀을 벗어나야 한다.

의학, 공학 지식이 노동법에 힘을 실어 노동법이 한껏 치밀해졌다. 노동법에 사용되고 있는 많은 숫자는 증명하고 있다. 숫자 하나하나에 담겨진 철학을 익히는 일은 노동법을 학습하면서 누리는 즐거운 일이다. 그러면서도 여전히 숙제로 남아 있는 영역이 적지 않다. 어쩌면 영원한 숙제일지 모를 평가, 평가요소 평가 기준에 대한 고민과 노력이 필요하다.

평등의식이 투철한 합리적 기대인

대학교 진학을 위해 수험생으로서 열심히 공부하고 있는 고등학생인 큰 아이와 중학생인 두 아이들은 아버지가 무엇을 꿈꾸면서 일하는지 감을 잡고 있는 것 같다. 심성이 깊고 온유한 성격이어서 아버지를 잘 이해해 주는 편이라 고맙다. 중학생인 두 아이는 쌍둥이다. 첫 아이를 키우다가 아이에게 동생이 있었으면 좋겠다는 나의 의견에 아내는 하나만 낳아 키우겠다는 소신은 어디로 갔느냐고 타박을 했지만 어쨌든 하나를 더 갖기로 했다가 쌍둥이가 오는 바람에 낳고 키우느라 아내의 고생이 너무나도 컸다.

출산 보름 전까지 아내와 아침 7시에 함께 출근길에 올랐던 날들이 벌써 십 년을 훨씬 넘겼다. 장성해 가는 아이들에게 물려 줄 것은 혼자 살아가는 것이 아니라 서로 협동하면서 살아가는 세상이라는 사실을 일깨워 주고 먼저 솔선수범率先垂範하는 것이 행복의 첫째임을 보여 주는 것이 전부라는 것에 미안하기도 하지만 닦달하지 않으니 더욱 고맙다.

고등학생이면 통장에 많은 돈을 저축해 놓기는 어렵지만 그래도 친구들에 비해 너무 궁핍해 기가 죽지 않을 정도로 용돈을 주려고 하고 있다.

어느 날 100만 원이 생기는 일이 있었는데, 저녁을 먹고 거실에 둘러앉아 과일 디저트를 먹으면서 말을 꺼냈다.

"아빠가 지금 100만 원을 가지고 있다."

세 아이들은 무슨 일인가 싶은 표정이었지만 차분히 디저트를 먹으면서 이어서 내 입에서 나오게 될 말을 기다렸다.

"이 돈을 너희에게 나눠 주고자 한다. 100만 원이 전부이다. 자신이 받고 싶은 금액을 여기에 적어라. 두 가지 조건이 맞으면 적은 금액만큼 받을 수 있다. 첫째, 세 사람의 금액 합계가 100만 원을 넘으면 아무도 돈을 받을 수 없다. 두 번째 각자 적은 것은 비밀이고, 다른 사람의 의견을 물으면 안 된다. 쪽지를 내게 전하는 시간은 3분 이내다."

그리고 준비한 쪽지와 볼펜을 각각 전했다.

10만 원은 내 차지가 될 거라고 예상했다. 1/3씩 가지겠다고 3십 3만 3천 3백 3십 3원을 적는 사람도 없을 것이고, 내가 다 가지겠다고 100만 원을 적는 사람도 없을 것이다. 그러면 애초에 한 푼도 가져가지 못하게 되고 과욕으로 타인의 것까지 빼앗는 사람이 될 것이니까. 내가 첫째니 막내 동생보다 20만 원을 더 갖고, 둘째는 막내보다 10만 원을 더 가지겠다고 스스로 생각하는 것은 타인이 그 기준을 동의한다는 확신이 있어야 가능한 일인데, 아무래도 무리이다. 즉 A+(A+10만 원)+(A+20만 원)=3A+30만 원 =100만 원. 3A= 70만 원, A=23만 원. 이렇게 계산해서 막내인 셋째 23만 원, 둘째는 33만 원, 셋째는 43만 원으로 배분하기를 원한다면 그것 또한 합리적인 이유가 있을 테지만 죄수의 딜레마 (Prisoner's dilemma)에서 보듯 경제적인 주체는 서로에게 그런 양보를 하지는 않는다.

결국 3명 모두 30만 원을 썼다. 33만 원을 쓰는 건 아닐까 하는 생각이 들기도 했는데, 여유가 있다. 약속대로 30만 원씩 나눠 주고 나는 10만 원을 챙겨 아내에게 주었다.

경제 주체들은 동등하다. 어떤 기준이 없음에도 차이를 인정하거나 그 차이를 강요할 수 없다. 차이를 두는 기준을 마련한다는 것은 대단히 힘든 일이다. 기준이 확실하지 않으면 각 개체 단위는 스스로 타인과 동등하다고 생각한다.

여기에 기초해야 한다. 가장 객관적인 지표인 나이에 대해서도 쉽게 꼰대라고 힐난을 당한다.

확실하지 않으면 차이의 잣대를 들이대지 말아야 한다. 시험이 아주 좋은 방법이기는 하다. 문제가 적절해야 하고 목적과 부합해야 하고 사용을 함에 있어 과하지 않아야 한다.

보편적 복지 : 생일 / 어버이날

누구에게나 생일이 있다. 그 생일이 하루 이틀 어떤 경우는 3일인 경우도 있다. 양력 생일이 있고 음력생일이라서 매년 양력 해당일이 변경되는 날이 있으며, 음력으로 되어 있지만 태어난 그 음력 날짜 해당 양력 일을 고정적으로 생일로 정하는 경우도 있다.

음력을 떠올리니 예전 제사 지내던 때가 생각난다. 가로등이 없던 유년 시절, 1년에 10번이 넘는 제사를 지내기 위해 큰집으로 아버지를 따라갔다. 제삿날은 음력을 따랐고, 항상 자정을 넘어서 지냈다. 그때는 왜 자정을 넘어서 지내는지 궁금했다. 또한, 6월 제사상에도 홍시가 있어서 제사보다는 과일이 좋아서 빠짐없이 따라갔고, 밤늦게 제사를 지낸다고 불평도 하지 않았던 것으로 기억한다.

보름달이 뜨는 날은 신문까지 읽을 수 있을 만큼 길이 밝았다. 하지만 그믐달이 뜨는 날이나 비가 오는 날은 5백 미터 정도 떨어져 있는 큰집까지 칠흑 같은 어두운 길을 감으로 찾아서 갔다. 아버지와 함께 걸었던 그 길은 내겐 너무나 따스한 기억으로 남아 있다. 진성 이씨 퇴계 후손으로서 자긍심은 나를 든든하게 하였다.

음력, 양력 생일이 내게도 있다. 주민등록번호 앞의 6자리는 생년월일이다. 그 여섯 자리 숫자는 부모님이 내 생년월일을 기억했다가 면사무소에 가서 출생신고를 할 때 사용한 것인데, 음력이라고 했다. 그렇기에 내 생일은 적어도 두 번이다. 아니다, 세 번이다. 첫 번째는 주민등록상의 월일이다. 외부 공식번호이니

이를 아는 분은 그날을 내 생일로 여겨 생일축하 인사까지 건네기도 한다. 휴대폰 스마트폰이 보급된 후에는 카카오톡 등 SNS로 그날에 문자가 온다. "이동만 님 생일 축하합니다!"

두 번째는 그 음력 날에 해당하는 양력 날짜인데 매년 변경된다. 가로등 하나보다 조도가 낮은 달이 되어버린 세상에, 달을 기준으로 생일을 정하고 매년 달라지는 양력 날짜를 찾아서 생일날로 알려 주는 시스템이 있는지는 모르겠지만, 일단 불편한 점이 여간이 아니다.

부모님이 물려 주신 날짜이니 음력을 기준으로 하고 치환된 해당 양력 어떤 날을 내 생일로 하는 것은 오랜 습관이었다. 4월 말이 대부분이었고 5월 초가 되는 해도 더러 있었다. 큰형 집에서 기거했던 고등학교까지는 이렇게 생일을 확인하였고, 생일 축하를 부모형제들로부터 받았다. 그리고 생일 음식으로 미역국을 먹을 수 있었지만, 스무 살이 넘어 사회로 나온 후부터는 이런 기억이 사라졌다. 결혼 후에도 대도시 중견기업에 출근하는 신세대 아내에게는 이런 대우를 받지 못했다.

생일이 실종되었다. 그렇다고 주민등록증에 음력으로 된 그 날을 양력으로 바꾸어서 내 생일이라고 아내와 자식에게 말할 수는 없었다. 적어도 결혼 후에는 생일의 개념이 더욱 모호해졌다.

그런데 세 번째가 논란이다. 20대 이후 첫 번째와 두 번째의 생일날 찾기 게임이 복잡하기 때문에 발생한 일이다. 언젠가 전자·전기회사에 다니는 후배와 이런 화제로 얘기를 하던 중에 그 후배가 내게 말하기를 고민을 풀어 줄 확실한 방법이 있다는 것이다. 주민등록상 그 음력 날짜가 태어난 해의 해당 날짜 양력으로 치환이 되고, 그날 양력이 몇 월 며칠인지 확인된다는 것이다.

신기하였다. 그 정도는 신기할 정도일 것도 아닐 것인데, 황당한 것은 내가 왜 그런 생각을 여태 하지 못했을까 하는 것이다.

후배와 헤어지고 며칠 후 우연히 생각이 나서 그 작업을 해보았다. 그 대단한 작업은 불과 몇 분도 소요되지 않았다. 휴대폰으로 자판을 두드리면 되는 일이었다. 이윽고 나는 소름 끼치는 숫자를 확인하였다. 내가 태어난 그날은 양력으로 5월 1일이었다. 바로 노동절이고, 내 생일은 휴일이다.

이런 생각이 들었다. 시의회 조례로 공무원을 비롯한 지역의 모든 직장인에게 생일날을 유급휴일로 지정하고, 사용자에게 이를 준수하기를 권고한다면, 그래서 시행한다면 좋겠다는 생각.

그래서 이런 생각도 해보았다.

"조례를 발의해 주실 의원님은 어디에 계시는지요. 노동절인 5월 1일이 생일인 저는 대체휴일을 요청하지 않겠습니다. 하나 더 부탁드리자면 어버이날을 휴일로 정해 주십시오."

·

스마일Smiles 출근, 덕분입니다!

누구나 양질의 일자리를 원한다. 양질의 일자리는 단순하지 않고, 정체성正體性이 있고, 조직에 의미意味가 있고, 자율성自律性이 부여되고, 결과가 피드백feedback 되어 개선될 가능성이 있는 일이다. 그런 직무설계를 해야 한다. 그런 설계에 따라 일하는 사람이 배치되어야 한다.

그런 일이 체계화된 직장이 출근하는 직장이다.

인사 잘하는 사람이 각자의 정체성이 분명하고 또한 열린 마음으로 화합和合하고 협력協力해야 하는 직장! 자신의 업무에 자긍심이 있으니 동료의 업무를 자신의 업무를 소중하게 여기는 만큼 똑같이 존중하는 사람이 모인 직장! 타인의 노동 덕분에 살아가는 하나하나! 고맙습니다! 미안합니다! 실례합니다! 안녕하시지요! 하는 사람들.「덕분입니다」하는 우리!

거미줄처럼 인연으로 얽혀 살아가는 세상에서 타인의 노동 덕분에 나는 살아간다. 내가 외롭지 않고 경쟁과 협력 속에서 자제自制하고 양보讓步해 가면서 살아가는 인간 세상임을 늘 확인한다.

책상에 놓인 볼펜 한 자루를 본다. 이 볼펜 한 자루를 만들기 위한 수많은 사람의 노력이 내게는 볼펜으로 와 있다. 투여된 노력을 배분하는 시장은 늘 치열하다. 공공의 영역이라고 하는 정부는 보이지 않는 손(insivible hands)에게 그냥 맡겨 두지 않고 개입을 해서(fine tuning) 시장의 질서를 잡으려고 애를 쓴다.

노동력에서 차이를 인정하지 않을 수는 없다. 동시에 세상 그 무엇보다 자기애가 가장 강한 개체들은 인격적으로 평등하다. 주어진 시간은 다를 바 없고 건강도 특별하게 다르지 않다. 그러니 나를 해칠 이유가 없는 동시에 타인을 해칠 이유 또한 전혀 있을 이유가 없다. 누구도 무시할 이유가 없다. 아무리 약한 개체도 남을 해치는 능력은 있다. 다르다고 특별하다고 아무리 훈육을 해도 사실은 동일하다. 모든 것이 연결되어 있음을 안 순간부터 세상을 알기 시작하였노라 말한다. 그것이 이치에 부합하고 과학이고 자기애이다. 나는 항상 기뻐해야 할 이유가 충분하고 인권, 권리 차원에서 당당할 수 있다. 나의 권리는 타인의 권리 앞까지이다. 동시에 거리가 없으면 충돌한다. 예절은 타인과의 거리를 잘 재는 일이다. 지혜가 여기에서 발휘한다.

누구나 측은지심惻隱之心, 수오지심羞惡之心, 사양지심辭讓之心, 시비지심是非之心이 마음 깊숙이 내재內在되어 있음을 잊지 않아야 한다. 그 잣대로 깨어 있는 자신이 자긍심을 유지하고 강화해야 한다. 사단四端을 마음에 중심을 잡고 살아가는 즐거움은 그 어떤 즐거움에 비할 바가 아니다.

2,000만 명 이상이 매일 직장으로 출근出勤한다. 그 얼굴이 밝아야 한다. 그래야 GNP를 얘기하고, 정치·경제·사회·문화·예술·종교를 논할 수 있다. 국가안전보장, 공공복리, 질서유지를 말할 수 있다. 국가는 국민이며 국민이 미소를 지으면 국가가 미소를 짓는 것이고 체제는 강력하다.

우리 동同 시대인의 역사적 소명은 여러 차원에서 여러 가지가 있다. 못내 아쉽고 분통이 터지는 것은 이 땅의 일하는 모든 사람이 휴전선의 새장 속에 갇혀서 색깔론, 흑백논리黑白論理의 강압에 놓여서 살고 있다는 것이다. 사고의 억압을 만들고, 토론의 넓이와 수준을 떨어뜨리고, 남북한 땅에 이해할 수 없는 체제와 관습을 용인하고, 패거리 파당으로 쉽게 뭉치지만 저급한 수준에서 적을 만들어 내 싸우고(동이불화同而不和), 합당한 연유 없이 겪게 되는 세대 갈등, 실익 없이 생기고 키워지는 보혁 갈등에 일하는 사람들은 평상심平常心을 잃고 있다. 남북한이 힘을 합친다 해도 뛰어넘지 못할 만큼 외적 변수는 강력하다.

분단分斷은 자유自由와 창의創意를 막고 있다. 진정한 화합和合을 막고 있다. 마땅히 중심이 되어야 할 노동학勞動學이 자리를 잡지 못하고 있다. 분단은 지구상 유일하게 육상 통행을 차단하고 있다. 역사 발전을 막는 원흉이다. 이를 제거하는 일에 모두가 나서

기를 원하지만, 꿋꿋하게 나서서 활동하는 분들께 깊은 존경을 표한다.

20대에 꾸었던 소박한 꿈, 그 꿈에 대한 기대에 부풀었다가 미룬 것이 못내 후회된다.

개마고원에서의 여름휴가, 부산역에서 출발하는 15박 16일 시베리아 횡단 열차에서 차창을 바라보게 될 날은 올까?

꿈을 꾸는 나를 포기할 수 없다. 그러하기에 마음 속 깊이 오늘도 이렇게 외친다.

노동학도여, 더욱 힘내시길 바랍니다. 덕분입니다! 감사합니다! 우리는 웃고 행복할 권리가 있습니다!

"정치적 견해를 넘고, 정규직과 비정규직, 사업장 규모, 조직과 미조직 차원을 넘고 노사 균형감각을 잃지 않고 일하겠습니다. 근로계약 관계는 인간관계에서의 예의, 배려, 충실을 그 본질적 내용으로 한다는 것을 분명히 하는 사회를 만들어야 합니다. 함께 하겠습니다. 앞장서겠습니다."

_울산노동인권센터 출범 인사말 중에서

"노동학의 원탁 테이블에서 만나 진실-화해-협력을 얘기하는 날을 기다립니다."

_글을 마치면서 떨리는 마음으로

노사 현장에서 만나는
노동법 이야기
노동학 선언

지은이 이동만
발행일 2021년 10월 3일
펴낸이 양근모
펴낸곳 도서출판 청년정신
출판등록 1997년 12월 26일 제 10-1531호
주 소 경기도 파주시 문발로 115 세종출판벤처타운 408호
전 화 031) 955-4923 팩스 031) 624-6928
이메일 pricker@empas.com
ISBN 978-89-5861-211-7 03320